ライフスタイルを変えた名列車たち

旅と出張を大改革！

原口隆行
Haraguchi Takayuki

JN142654

交通新聞社新書 139

ライフスタイルを変えた名列車たち――目次

第4部　日本中が大賑わいした鉄道黄金時代……69

第5部　成熟に向かう日本を支えた高度経済成長期……135

第6部　新幹線揃い踏み！　都心と地方の行き来が細やかに……171

第7部　多様化する旅と出張〝ならでは〟を求めて……197

はじめに

明治5（1872）年、日本に初めて鉄道が通じてから遥かな歳月が流れました。そしてこの間に様々に変容しながら国民の間に浸透、そのライフスタイルを変化させてきました。鉄道は計り知れない恩恵を私たちの暮らしにもたらしてきたのです。

本書は、それぞれの時代に国鉄・JR線上を賑わしたほとんど無数といってもいい列車のなかから「名列車」と目される列車を抽出、その列車が誕生した時代背景、国民の暮らしにどのような影響を及ぼしたかといったことを軸にして記述したものです。

名列車といえば、とかく幹線を走る特急列車がまず頭に浮かびがちですが、これまでの鉄道史上、快速や普通列車にも人々の記憶に残る名列車は数多くありました。本書はそのような比較的地味な列車にもスポットを当ててその盛衰を見つめてみました。その限りでは、これまでの名列車を紹介した雑誌や書籍とは一線を画するものになったと思います。

とはいえ、取り上げた列車は50列車にも及びません。もちろん日本の長い鉄道史上、名列車と呼べる列車はその数倍にも及びます。選択にあたっては極めて恣意的にならざるを得なかったことをあらかじめお断りしておきます。

第1部

人々を驚嘆させた鉄道黎明期

第1章　東西両京を結んだ初の鉄路に国民が歓喜

東海道線直通列車

明治22（1889）年7月1日〜昭和43（1968）年9月30日

東海道線が全通して直通列車が運行を開始

明治21（1888）年10月26日、静岡県の牧ノ原台地の一角にある友田村（現在の菊川《きくがわ》市）で、静岡から延びてきたレールと、浜松から延びてきたレールがつながった。

ただ、まだこの段階での東海道線の終点は現在の北陸本線の長浜で、ここからは太湖《たいこ》汽船の汽船で大津（のちの浜大津。昭和44年11月1日廃止）に渡っていた。

翌22年7月1日、湖東《ことう》鉄道という名で建設が進められてきた馬場（現在の膳所《ぜぜ》）〜米原〜長浜間、米原〜深谷《ふかたに》（のちに廃止）間が開通して東海道線が全通した。

草津～石山（現・東海道本線）間の瀬田川橋梁を渡る試運転列車。
『日本国有鉄道百年写真史』より転載

新橋と京都・大阪・神戸間を直通する列車の誕生

この日、直ちに新橋～神戸間を直通する列車が1日1往復投入され、運行を開始した。ダイヤは下りが新橋発16時45分、京都着翌日10時10分、大阪着11時39分で神戸には12時50分に着いた。上りは神戸発17時30分、大阪発18時36分、京都発20時5分、新橋着翌日13時40分だった。所要時間は下りが20時間5分、上りが20時間10分。速度は平均すると時速35㎞ほどになる。最高時速は48㎞くらいではなかったかと推測される。

この日の模様を、翌7月2日の朝日新聞は次のように伝えている。

東海道線汽車の乗客

同鉄道は湖東鉄道落成に付き昨一日を以て全

通せしが昨日午前六時十分新橋発の汽車にて西京へ向いし乗客の上等五人中等五十七人
下等三百五十四人なりしといえり

始発の新橋〜京都間の列車の下等車に354人も乗ったというから、この日を国民がどれほど待ち望んでいたか、期待のほどが窺える。おそらくほとんどの客がこの列車で関西に向かったのだろう。横浜や沼津、静岡からも関西に向かう人が多かったにちがいない。ただ、運賃もそれ相応に高く、新橋から神戸まで乗り通すとして下等が3円73銭、中等は倍、上等は3倍だった。まだ、そう誰もが手軽に乗れるというものではなかった。もっとも、直通列車が設定されたとはいっても、全線を乗り通す人ばかりではなく、区間利用も多かっただろうから、これなら手の届く範囲に十分収まっていたにちがいない。ちなみに、新橋〜横浜間の下等運賃は20銭、神戸〜大阪間も20銭だった。

赤松麟作の名作『夜汽車』が描いた下等車の車内

直通列車が誕生した頃の車内の様子については、寡聞にしてよくわからないが、洋画家の赤松麟作《りんさく》が全通から12年後の明治34（1901）年に描いた『夜汽車』という作品が一

赤松麟作の『夜汽車』。東京藝術大学所蔵

つのヒントになりそうだ。美術史家の考証によると、東海道線の下り直通列車を描いた作品とのことで、描かれているのは下等車の車内である。

車窓がしらしらと明けかかっている。それを座席から立って眺めやっている老人がいる。「いやー、疲れたのう。ようやく空が明るんできたわい」とでも思っているのだろうか。その前の座席には若い母親が虚ろな表情で座り、その膝には幼児がぐっすり眠っている。たばこをくゆらせている商人風の男、ご隠居風の老人、中年の婦人……。車内に揺曳《ようえい》しているのは淀んだ空気となんともいえない倦怠感である。お世辞にも乗り心地がいいとはいえそうにない。

国木田独歩《くにきだどっぽ》が乗った東海道線直通列車

もう一つ、今度は小説に描かれた下等車の車内模様を拾ってみよう。国木田独歩が明治34年に発表した『帰去来《ききょらい》』の一節で、明治27年の体験が元になっている。

汽車はさまでこまず、自分の臥《ね》そべる余地は十分あった。雨の降り込むのを恐れて、風上の窓を閉め切って居たから何とも言えぬ熱さである。隅の西洋人は顔をしかめて居る。自分も堪え兼ねて後の窓を少し明けて見たが、品川沖から吹きつける風で雨は遠慮なく舞い込む、仕方なく又《ま》た閉めると、「夕立だ、今に晴れる」と言った声が彼方《あっち》の方でした。大森を過ぎると、雨は果して小やみになった。人々はいそがしく窓を明け放つ、雨の名残が心地よく舞い込む、吐息をついて顔を見合わす、巻煙草に火を移《つ》ける者もある、しかし誰一人話をする者はなかった。

鉄道がそれまでの国民の暮らしを劇的に変えたことが見てとれる。なお、東海道線の東京と関西を結ぶ鈍行直通列車は、その後も長い歴史を刻み続けた（**第5部第5章参照**）。

第2章　日本で初めて誕生した月刊時刻表の広告に

山陽鉄道の急行・最急行列車

［急行］明治27（1894）年10月10日〜明治34（1901）年5月26日
［最急行］明治34年5月27日〜明治39（1906）年11月30日

日本で初めて走った急行列車

明治27年６月10日、官設鉄道（略称官鉄。後の国鉄）と神戸で接続して西進を続けていた私鉄の山陽鉄道の路線が広島に達した。同時に直通列車が３往復設定された。そして、その４カ月後の10月10日、同鉄道は３往復のうちの１往復を急行列車として再設定した。これが日本に初めて誕生した急行列車である。

山陽鉄道はこの列車を投入するにあたって、創刊されたばかりの『汽車汽船　旅行案内』という月刊の時刻表の10月５日発行号に４ページに及ぶ広告を掲載、その最初のページで「山陽鉄道　神戸駅官線接続基点ヨリ広島迄百九十哩《マイル》」に続き「急行列車ハ九時間余《あまり》

速力全国其比ナシ　旅客賃金ハ僅《わず》カ一哩六厘《りん》余全国第一ノ低価」と高らかに謳いあげた。

この急行列車のダイヤは、下りが神戸発9時00分、広島着17時56分、上りは広島発10時45分、神戸着19時32分、所要時間は下り8時間56分、上りが8時間47分で平均時速は約33kmである。ちなみに、それまでの最速の直通列車の所要時間は下り上りとも9時間40分だったから、当時としてはこれは画期的な速度だった。

運賃は、神戸〜広島間で下等は1円30銭、中等はそのおよそ2倍、上等は3倍だった。

日本で初めて誕生した月刊の時刻表

なお、この広告を掲載した『汽車汽船　旅行案内』は、この急行が走り始めた5日前の10月5日に発売された。これが日本で最初に発行された月刊の時刻表である。

ただ、せっかく大々的に広告を打っておきながら、山陽鉄道のダイヤはそれまでの直通列車3本のダイヤしか載っていない。まだダイヤが入手できなかったのだろうか。

余談だが、この時刻表を発行したのは東京・京橋の庚寅新誌社《こういんしんし》という出版社で、社長は手塚猛昌《たけまさ》だった。手塚は月刊時刻表を発行するにあたって、「発刊に就《つい》て」で「ブラッド、シャウ氏の毎月発行せる鉄道案内あり」と書いて、イギリスにおいて月刊で発行されてい

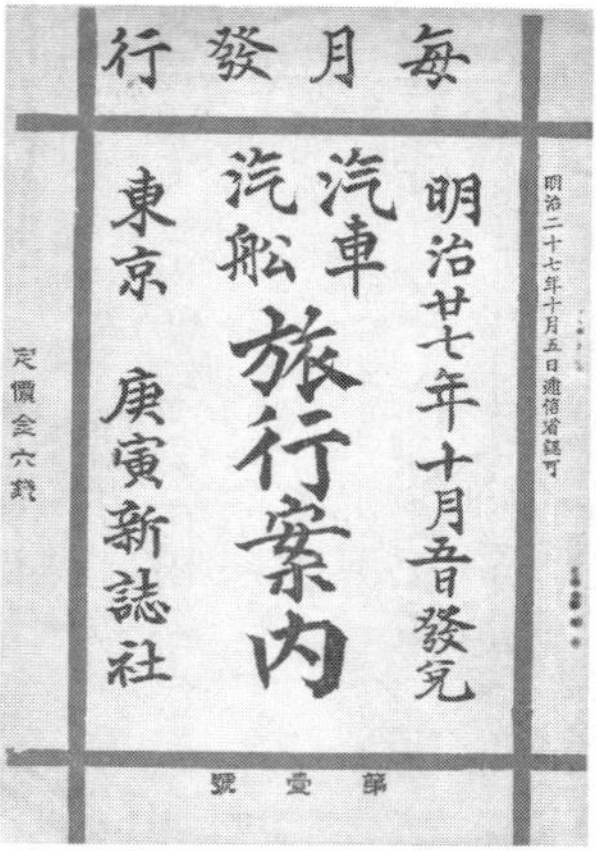

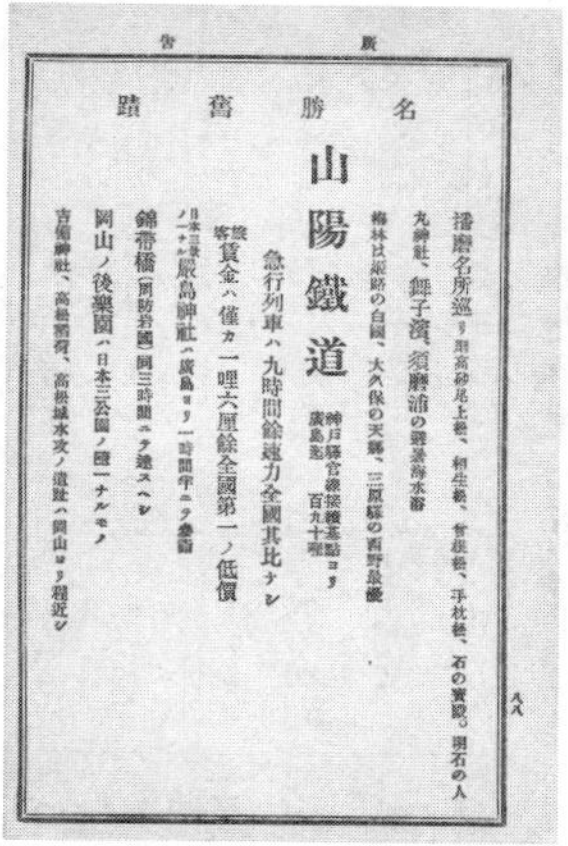

明治27年10月に発行された『汽車汽船　旅行案内』（庚寅新誌社）の表紙と山陽鉄道急行列車の広告

たブラッドショーの時刻表を参考にしたことを明かしている。これはおそらく数度の洋行経験を持つ福沢諭吉から示唆を受けたものだろう。手塚は、福沢諭吉が主宰する慶應義塾（現在の慶應義塾大学）の出身だった。

瀬戸内海航路に対抗して投入した急行列車

なぜ山陽鉄道が急行列車を投入したかというと、競合する相手がいたからである。けれどもその相手は鉄道会社ではなかった。船会社である。この時代、九州や山陽地方と関西・関東を往復するには、瀬戸内海を航行する汽船で移動するのが一般だった。『汽車汽船　旅行案内』にも大阪商船の時刻表が掲載されている。神戸と門司を結んだ便の神戸〜

広島間の所要時間は29時間ちょうどだった。急行列車の3倍以上、速さという点では勝負にならないが、当時鉄道はまだ一般的ではなかった。運賃も神戸～馬関《ばかん》（のちの下関）・門司間で1円60銭と、山陽鉄道より30銭高かった。
ともあれ、神戸と広島を結ぶ急行列車は運行を開始した。

全通と同時に投入した最急行

山陽鉄道は、神戸～馬関間を結ぶことを条件に路線の建設を政府の鉄道局（国鉄の前身）から許可された私鉄だった。ところが、広島から先の建設はかなり手間取ってしまった。その最大の原因は資金不足に陥ったことだった。

山陽鉄道はそんななか、一歩また一歩と西進を重ね、計画より6年半も遅れてようやく明治34年5月27日、終点の馬関へと到達した。

しかし、ここからの山陽鉄道の対応は素早かった。もうこの頃には急行の数は4本に達していたが、そのうちの1本を「最急行」と名づけて投入したのである。

この最急行のダイヤは、下りが神戸発8時25分、下関着21時10分で所要時間は12時間45分だった。表定速度は時速40・1km。なるほど速い。上りの最急行のダイヤは、下関発8

時5分、神戸着20時45分で所要時間は12時間40分だった。

ただ、さて乗り心地はとなると、なにしろ揺れが激しくて、お世辞にもいいとはいえないものだった。乗客のなかには頭を座席にぶつける人もいたというから並みの揺れではない。機関手もまた、白い晒し木綿を腹に巻きつけて運転していたという。これは振動で胃の具合がおかしくなるのをいくらかでも防ぐための工夫だった。

ちなみに、3本の急行はこの間を走るのに15時間25分～16時間11分を要した。

「こんな鉄道に乗ったのでは、命がいくつあっても足りん」

この最急行には、こんなエピソードが残されている。エピソードの主は、当時九州鉄道の社長でのちに鉄道大臣にまでなった仙石貢《せんごくみつぐ》である。仙石はもともと官鉄の技師で、官鉄時代にいろいろな業績を残したことで知られる。官鉄が信越線の横川～軽井沢間、碓氷《うすい》峠の鉄道建設に際して、レールとレールの中間に歯型になったレールをもう1本加え、これを機関車に設置された歯車と噛み合わせて勾配を克服する、いわゆるアプト式を採用したが、これも仙石がヨーロッパ留学中にもたらした情報がその元になっている。

仙石は土佐の出身で、その性格は剛直そのもの、気性も激しかったが曲がったことも大嫌いな男だった。雷親父として恐れられたが、人情には篤かった。そんな仙石が、この山陽鉄道の最急行の揺れが激しかったため「こんな鉄道に乗ったのでは、命がいくつあっても足りん」といって、以後所用で東京に出かける時などは瀬戸内海の航路を利用したという。

だが、こんな列車だったにもかかわらず、評判はすこぶるよかった。

山陽鉄道は、進取の気性に富んだ私鉄で、最急行列車を誕生させただけでなく、その前の明治31（1898）年9月22日からは、急行や直通列車に列車給仕を乗務させて旅客のサービスに努めたり、翌32年5月25日には京都（この時代は官鉄に乗り入れていた）〜三田尻（現在の防府）間の急行に食堂車を、翌33年4月8日には一等寝台と食堂の合造車を設置したりしている。食堂はつまりは、一等客のためのものだったが、これらは日本で初めてお目見えしたものである。山陽鉄道が官鉄に先駆けてこうした新機軸を次々に投入した背景には、「官鉄なにするものぞ」との気概があった。山陽鉄道が、その後の鉄道の発展に寄与した功績の大きさには計り知れないものがある。

官鉄が初めて最急行を新橋〜神戸間に投入したのは、鉄道国有法によって山陽鉄道が統合される直前の明治39年4月16日のこと。山陽鉄道に5年の遅れをとった。そして、その8カ月後の12月1日、山陽鉄道は国有化されて官鉄の山陽線（現在の山陽本線）になった。

第3章　元祖〝走るホテル〟憧れの長距離特急

東海道・山陽本線特別急行列車

【一・二等特急】明治45（1912）年6月15日～昭和4（1929）年9月15日
【三等特急】大正12（1923）年7月1日～昭和4年9月15日

新橋～下関間に設定された急行列車

明治39（1906）年12月1日、山陽鉄道が国有化されて山陽線になった直後の明治40年3月16日、大がかりな時刻改正があり、東海道・山陽線新橋～下関を直通する急行列車を投入した。この間を直通する急行の設定は初めてのことである。

ダイヤは下りが新橋発23時ちょうど、下関着翌々日11時32分、上りは下関発19時10分、新橋着翌々日7時41分で、所要時間はそれぞれ36時間32分、36時間31分だった。

その後、明治41年12月5日に帝国鉄道庁が鉄道院に改まり、翌42年10月12日に鉄道院告示第五十四号「国有鉄道線路名称左ノ通定ム」が発せられ、東海道線が東海道本線に、山陽線が山陽本線になった。なお、それまでの東海道線、山陽線は名称としては存続、支線を含む路線の総称になった。だから、東海道本線は東海道線東海道本線、山陽本線は山陽線山陽本線ということになる。これは他の路線も同様で、例えば東北線は東北線東北本線、総武線は総武線総武本線になった。

明治最末期に一・二等寝台特急が誕生

それから3年後、明治が大正に改まる直前の45年6月15日、名称としては日本で初めてとなる「特別急行列車」が新橋～下関間に登場した。列車番号は1・2。一等・二等の寝台車から成る7両編成の列車で、定員は一等が40人、二等が220人だった。

車両はすべてこの列車のために新しく造られた。最後尾の一等車は展望車である。天井は網代《あじろ》模様で装飾され、照明は吊灯篭《つりどうろう》という、日本的な装いで、贅の限りを尽くしたものだった。この展望車の中央部に設けられた特別室の座席数は8席。車端に設けられた展望室は緩やかな曲線を描き、ここからは飛び去る景色を180度の角度で眺めやることができた。全体に当時としては斬新なデザインだった。

ダイヤは下り1列車が新橋発8時30分、下関着翌日9時38分、上り2列車が下関発19時

10分、新橋着翌日20時25分で、所要時間は25時間8分、25時間15分と、それまでの急行に比べると大幅に短縮された。しかも、この列車は下関駅で朝鮮半島の釜山《プサン》を結ぶ航路と接続していた。そして釜山からは再び列車で京城《けいじょう》（現在のソウル）までは45時間、中国大陸の北京までは84時間で行くことができた。満洲《まんしゅう》（現在の中国東北部）のハルビンへは77時間半、この先の国境駅からシベリア鉄道に乗り継ぐとヨーロッパへも足を延ばすことができるという、つまりは欧亜連絡列車だったのである。

問題は運賃で、当時の時刻表を調べても詳細は読み取れないが、なんでも二等寝台を利用したとして寝台料金と乗車料金を合わせて14円92銭だったという。料金は、一等寝台は「一人床」が4円、一等寝台の「二人床」が2円50銭、「二人床」が3円50銭。二等寝台が1人用と2人用（つまりダブルベッド）に分かれているあたりに、この時代の鉄道風俗が反映されているようで面白いが、それにしても高価だった。一等車に乗るなど、庶民には夢のまた夢、二等車にもおいそれとは乗れなかった。特別室に乗れたのは三井財閥の要人くらいのものだったという。当時の物価は、はがきが1銭5厘、食パン1斤が10銭、大学の授業料は、慶應義塾大学が年間48円、早稲田大学が50円といったところである。

和食堂車を連結した三等特急が登場

時代が大正時代に入ってすぐ、大正３（１９１４）年12月20日に手狭になった新橋駅に代わるターミナル、東京駅が開業した。当然、一・二等特急１・２列車も東京駅発着になり、ダイヤも改正された。１列車の東京発は８時に繰り上げられたが下関の到着時刻は翌日９時38分で変わらなかった。所要時間が25時間38分になった。また、上り２列車は下関発19時10分、東京着翌日21時５分で、25時間55分だった。以後、１・２列車は時刻が改正される都度、少しずつ発着ダイヤを変更しながらも東海道・山陽本線の看板列車として走り続けた。

一方、大正も中期にさしかかると路線網も全国に広がりを見せ、移動が容易になったことから国民の間に旅行熱が芽生えてきた。鉄道の大衆化が始まったのである。

鉄道省ではこうした風潮を見据えて、それまで一部のエリートだけを対象にした一・二等特急のほかに、三等車だけで編成された特急を新橋～神戸間に走らせることにした。すでにこの間には、大正８（１９１９）年８月20日から三等だけで編成された急行を走らせていたが、大正12年７月１日の時刻改正で三等特急３・４列車を新設した。確固とした地位を築き上げていた一・二等特急１・２列車との続行で走り、ダイヤは下りが東京発８

時45分、下関着翌日８時５分、上りは下関発21時５分、東京着翌日20時40分。所要時間は下りが23時間20分、上りが23時間35分だった。

この列車で特徴的だったのは、１・２列車の食堂は洋食だったが、３・４列車は和食専用だったことである。これは、この列車を主に利用する客層がまだ洋食に不慣れで、日常、和食を食べる人が多かったからである。一・二等特急、三等特急の食事代金は別表のとおりである。まだアラカルトはなく、すべて定食であった。総じて洋食が高い。このあたりも客層を意識したものだろうか。ちなみに、この頃の物価は、ビールの大瓶が39銭、喫茶店のコーヒーが10銭、はがきが１銭５厘だった。

	朝　食	昼　食	夕　食
洋食堂	90銭	1円20銭	1円50銭
和食堂	50銭	70銭	１円

大正末の時刻改正で所要時間に差がついた

大正14（１９２５）年３月11日の時刻改正で、一・二等特急１・２列車と三等特急３・４列車のダイヤが次のように変更された。

下りは先に３列車が東京駅を８時15分に発車、１列車は30分後の８時45分に発車した。続行運転であることに変わりはない。ところが、３列車の下関到着が翌日の８時５分だったのに対して、1列車が同じく翌日の8時30分となり、所要時間に少し差がついた。三等特急が23時間50分だったのに対して、一・二等特急は23時間45分になったのである。また、上り列車は一・二等特急2列車の下関発が8時45分、三等特急4列車が9時5分、東京着はそれぞれ8時30分と9時30分。一・二等特急の23時間45分に対して三等特急は24時間25分、明らかな差がついてしまった。ことダイヤで見る限り、明らかに一・二等特急が優遇されている様子が見てとれる。

＊

この後も、東海道・山陽本線特急1・2列車と3・4列車は走り続けた。そして、大正時代が翌15年12月25日に終わりを告げて昭和時代に入っても、日本を代表する列車としてその存在感を際立たせながら、貴顕から成金、普通の国民に至るまで、多彩な階層の客を乗せて東京〜下関間を往来した。そして、この1・2列車と3・4列車こそが、昭和に入って愛称列車の嚆矢《こうし》、特急「富士」と「櫻」になるのである（**第2部第1章参照**）。

第2部

国民の足となり不況下でも活躍

第1章　列車愛称の歴史はここから始まった

特急「富士」　昭和4（1929）年9月15日〜昭和19（1944）年4月1日
特急「櫻」　昭和4年9月15日〜昭和17（1942）年11月15日

不況から始まった昭和という時代

昭和は不況とともに幕を開けた。

7日間と短かった昭和元（1926）年があっという間に暮れて、昭和2年を迎えた。そして、この年3月14日、衆議院で片岡直温《なおはる》大蔵大臣が「本日、東京渡辺銀行が破綻いたしました」と失言したことが口火になって東京渡辺銀行に預金者が押しかけ、取り付け騒ぎへと発展した。その後、取り付け騒ぎは全国の銀行に広がり、休業する銀行が続出、世にいう金融恐慌が発生した。

それより前、第一次世界大戦の余波で世界の経済が不安定になっていたが、追い打ちをかけるように、昭和4年10月24日、ニューヨークの株式市場で株価が大暴落したことから世界恐慌へと突入。日本経済も深刻な不況に直面した。不況は日本の産業全般に及んだが、鉄道省もまた大きな打撃を被った。旅客輸送、貨物輸送ともに激減してしまったのである。この事態に直面して、鉄道省はその対策を講じる必要に迫られた。

鉄道省が主催して『新鉄道唱歌』を公募で制作

そこで、鉄道省が編み出した需要喚起策の一つが、明治時代に大ヒット、その後も連綿と歌い継がれてきた『鉄道唱歌』のリメーク版ともいえる『新鉄道唱歌』の制定であった。明治時代の『鉄道唱歌』は民間から生まれたが、今度は鉄道省、つまり国家主導でその昭和版を作ろうというのである。

国民の関心を喚起するために、歌詞と曲は広く国民から募ることになった。これには東京日日新聞と大阪毎日新聞（ともに現在の毎日新聞）がメディアとして協力した。その結果、歌詞は２９６１編、曲は２６１４曲もの応募があり、図らずも国民の関心の高さが裏付けられたが、歌詞は昭和４年６月に地域ごとに区分されたなかから決まり、また曲も翌年３月に入選者が決定した。

こうして、第1集「東海道線」に始まり、第10集「北海道線」で終わる壮大なスケールの『新鉄道唱歌』が誕生した。当然、東京日日新聞と大阪毎日新聞が共同で歌集を編み、広く発売したから多くの人の口に上るようになった。

愛称特急「富士」「櫻」の登場

鉄道省がしかけたもう一つの不況打開策が、それまで単に列車番号だけで呼ばれてきた一・二等特急と三等特急（**第1部第3章参照**）に愛称をつけることだった。こちらも公募によることになったが、国民の関心も『新鉄道唱歌』に負けず劣らず高く、5583票もの応募があった。もちろん、これにも東京日日新聞と大阪毎日新聞が一枚噛んでいた。

公募の結果、投票総数の30％にあたる1700票を獲得した「富士」が1位になり、以下「燕」が882票、「さくら」が834票、「旭」が576票、「隼《はやぶさ》」が495票、「鳩」が371票……と続いた。日本を象徴する山として国民に親しまれている「富士」が他を断然引き離していたが、いざ選考という段になると選考委員の間で議論が百出、なかなか決まらなかった。最後は鉄道大臣や次官まで加わって審議した結果、決定したのが、一・二等特急が「富士」、三等特急が「櫻《さくら》」というものであった。富士山に対するに、やはり日本が世界に誇る花・サクラが対置されたのである。

ところがいつの時代にもへそ曲がりはいるもので、なかには「なんだ、外人が日本の代名詞にしている〝富士〟〝さくら〟と同じじゃねえか、この次は〝ゲイシャ号〟になるんだろう」と皮肉を飛ばした者もいたという。「芸者」もまた外国人の間では日本の象徴と認識されていたからである。ところがどっこい、そうはならなかった。翌昭和5（1930）年10月1日に登場した東京～神戸間各等超特急につけられたのは、2位に入った「燕」であった（**第2部第2章参照**）。

ツバメをスピードの象徴と位置づけた結果のネーミングであった。

欧亜連絡ルートの一環として活躍

不況下だったにもかかわらず、特急「富士」「櫻」は上々の滑り出しを見せた。そして、順調に成長した。その要因として挙げられるのは、終点の下関で関釜《かんぷ》連絡船とアクセスして朝鮮半島、中国大陸、それからヨーロッパへと至る国際鉄道網の一環として位置づけられていたからである。

この頃、特に日本は満洲への進出を目論んでおり、大陸に渡る政治家、幹部クラスの軍人、財界人が多かったことから「富士」「櫻」、特に「富士」を利用する人が多かった。

ダイヤは、「櫻」が東京発12時45分、下関着翌朝8時35分、「富士」が13時ちょうど発、翌朝8時50分着、所要時間はともに19時間50分だった。これを大正14（1925）年3月当時のダイヤと比較すると、「櫻」の前身の3列車の東京発が8時15分、下関着が翌日の8時5分、所要時間は23時間50分、「富士」の前身の1列車が東京発8時45分、下関着翌日の8時30分で所要時間は23時間45分だったから、愛称がつけられたというだけでなく、所要時間も大幅に短縮されたことになる。姉妹列車にふさわしく、30分の間隔をおいて続行で運転された。

運賃・料金を見てみよう。まず運賃は東京～下関間の距離が1130・5kmで、時刻表には1035kmまでしか記載がないのでややこしいが三等で15円ほど、二等はその倍、一等は3倍だった。で、特急料金は三等が2円50銭、二等が5円、一等が7円50銭である。寝台車に乗る場合はさらにこれに二等の上段が3円、下段が4円50銭、一等の上段が5円、下段が7円加算された。

当時の物価は白米10kg2円30銭、もり・かけそばが8銭、喫茶店のコーヒー代が10銭といったところである。列車食堂の料金は「櫻」の和食の朝食が40銭、昼・夕食が50銭、上等弁当が35銭、「富士」の洋食は朝食が90銭、昼食が１円20銭、夕食が１円50銭である。またカレーライス（当時はライスカレーと呼ばれていた）が30銭だった。「櫻」の和食に比して「富士」の洋食が総じて高かった。

丹那トンネル開通で経路を変更して時間を短縮

昭和５年の10月１日に東京〜神戸間に超特急「燕」（**第２部第２章参照**）が登場、特急は３本になった。この３列車に転機が訪れるのは、昭和一桁時代も終盤にさしかかった頃である。

大正７（１９１８）年頃から工事が進められていた全長７８０４ｍの丹那トンネルが予定より大幅に遅れてようやく昭和９（１９３４）年12月１日に開通、それまで国府津から御殿場を経由していた東海道本線の経路が熱海経由に変更された。これで東海道本線の距離が21・７km短縮され、東京〜下関間の距離は１０９７・１kmになった。また、勾配も大きく緩和されたことから「富士」「櫻」の所要時間も約15分短縮されることになった。

昭和９年12月１日改正のダイヤは、下りの「櫻」が東京発13時30分、下関着翌日８時、「富士」が東京発15時、下関着翌日９時30分になって所要時間は「櫻」「富士」とも18時間

30分、上りは「富士」が下関発20時30分、東京着15時25分で所要時間18時間55分、「櫻」が下関発22時、東京着16時40分で所要時間18時間40分だった。ただ、この改正で「富士」「櫻」はこれまでどおり姉妹列車として続行運転を続けてきたが、単独運行に切り替わり、同時に「富士」に三等車が、「櫻」に二等車が組み込まれた。

時代の波に翻弄されて廃止への道をたどる

この時代、昭和6（1931）年9月18日に勃発した満州事変あたりからきな臭い匂いが日本列島を覆い始めていたが、昭和が10年代に入ると12（1937）年7月7日、日中戦争が始まり、以後果てしない泥沼にはまり込んでゆく。そして翌13年5月5日に国家総動員法が施行されるに及んで軍事輸送が最優先されるようになり、国民の移動が厳しく制限されることになった。

こういう事態に直面して「富士」「櫻」、また「燕」も安泰でいられなくなり、昭和17（1942）年11月15日、関門トンネルが開通したのを機にまず「櫻」が急行に格下げになったうえ鹿児島へと足を延ばすことになって愛称列車としての寿命を閉じることになった。一方、「富士」もこの改正で長崎へと延伸したまではよかったが、翌18年7月1日に

特急「富士」は関門トンネル開通によって九州乗り入れを果たし、運転区間が東京～長崎間となった。写真はその出発式

は急行に格下げになり、19年4月1日限りで廃止になった。なお、「燕」もまた急行に格下げになったところで18年10月1日、「富士」より一足早く廃止になっている。

「富士」「櫻」とも時代の波に翻弄され続けて、わずか14年半、13年という短命、「燕」もまた13年という短命に終わったことは返すがえすも惜しまれることであった。

第2章　韋駄天特急誕生のスクープに国民が魅せられた

特急「燕」

昭和5（1930）年10月1日〜昭和18（1943）年10月1日

国鉄の運転課長と新聞記者の掛け合い

東京日日新聞の記者青木槐三《かいぞう》が、鉄道省に新任の運転課長結城弘毅《ゆうきこうき》を訪ねた。昭和4（1929）年7月のことである。東京〜下関間に一・二等特急「富士」と三等特急「櫻」が運転を開始する直前のことである。青木は、鉄道記事を書かせたら右に出るものはないとまでいわれた敏腕記者で、結城より20歳ほど年下だったが、臆することなく、「（前略）課長、あなたのその腕で、なんとか快速列車ができんものですかね……」と単刀直入、挑発気味に質問をぶつけた。この挑発に結城は動ずることなく、「スピードアップは、わしは大阪でもやった。東京、大阪くらいはもっともっと短縮できる」と返し、畳みかける青木に「2時間、いや3時間は短縮できる！」と語気鋭く応答した。

質問した青木も青木なら、即答した結城も結城である。いくらなんでも東京～大阪間568・1㎞を3時間も短縮するなど、当時としては考えられない話である。

けれども、これは別に結城の口から出まかせの回答ではなかった。結城には、具体的な構想があったのである。そして、すぐに技師たちを呼びつけてあれこれと指示を出した。

一方青木は、結城から発表していいという了解をとりつけて、

東京・大阪間を三時間短縮、鉄道省が超特急列車を計画中！

と発表した。これは大スクープとなって国民を興奮の坩堝《るつぼ》に叩き込んだ。

艱難を克服して超特急「燕」誕生！

3時間の短縮を実現するために結城弘毅と配下の技師たちが構想したのは、
①列車の編成両数を少なくして全体の重量を極力軽くする。
②機関車は当時最速といわれた蒸気機関車C51形を使う。
③難関の箱根山を越えるには列車後部に走りながら、下りは国府津《こうづ》～御殿場間で、上り

は沼津〜御殿場間を走りながら、補助機関車を連結する。
④最高所の御殿場で急勾配を登り切ったらやはり走行中に切り離す。
⑤蒸気機関車に不可欠の水は、機関車後部に水槽車を連結してそこから機関車のタンクに入れる。
⑥停車駅は極力少なくする。

といったことであった。

当時の東海道本線は、国府津から御殿場を経由して沼津に向かう、現在の御殿場線が本線だった。御殿場を頂点に連続25‰《パーミル》勾配が連続する、東海道本線最大の難関でもあった。

結城は部下たちを督励して技術的な課題を一つ一つクリアするとともに、当時技量が最優秀といわれた沼津機関区の機関士のなかから10人を選抜、走行中に補助機関車をつけたり外したりする、無謀ともいえる特訓を施した。機関士たちもこの訓練に歯を食いしばって耐え、見事に走行中の連結、切り離しをやってのける技術を身に付けることに成功した。

昭和5年10月1日、こうして東京〜神戸間を9時間（上りは8時間55分）、同大阪間を8時間20分で疾駆する一・二・三各等特急「燕」が誕生した。列車番号11・12。3時間までは短縮できなかったが、結城弘毅の得意や思うべし。

ダイヤは、下りが東京発9時ちょうど、大阪着17時20分、同24分発で神戸着18時ちょうど、上りは神戸発12時25分、大阪着12時56分、13時ちょうど発で東京には21時20分に着いた。国府津〜沼津間、難関の箱根越えも時速50㎞という速度で走破、表定速度は67㎞に達した。

編成は、大阪方の先頭から三等荷物車、三等車3両、食堂車、二等車2両、一等寝台車の計8両で、ほかに機関車と荷物車の間に水槽車が連結されていた。昼行なのに寝台車というのも奇異だが、これはこの段階で後に「燕」の象徴ともなる一等展望車がまだ製作中だったからである。展望車は1年後の9月に投入された。

なお、「燕」の愛称は「富士」「櫻」同様公募によるものである（**第2部第1章参照**）。公募では「燕」は2位だったが、国鉄ではスピードを象徴するものとして温存していた。

出発の模様を興奮気味に伝えた東京日日新聞

「富士」「櫻」の客をさらって「つばめ」は爽快に走る

けさ全国順調に行われた……列車時間の大改正

これは「燕」誕生の翌日、10月2日に掲載された東京日日新聞の見出しである。署名はないが、この記事は青木槐三が書いたものに違いない。

記事によると、運転初日に乗車したのは一等が満員の19人、二等が61人、三等が162人でほぼ満員だった。『「富士」「櫻」の客をさらって』というのは、この日、両列車の乗車客が激減したからである。「富士」に乗ったのはなんと一等が4人、二等も22人と少なかったことで、鉄道省が心配していることも記事は伝えている。

動揺は試運転の時より少なく乗り心地は上々、（中略）沿道の高い所では見物人が物めずらしそうな顔をして黒山のように群がっていた

特筆大書すべきは超特急列車の機関車が電気機関車と全く同じで少しも煤煙をはかない従って燃えかすが窓から飛び込まないとは頗る気持のいい事だ。これは練炭をたいているからで、（以下略）

先頭に立ったのは結城が計画したとおり、C51形蒸気機関車だった。新聞には当然写真も掲載されているが、それによると248号だった。

C51形蒸気機関車の後部に水槽車を連結して走る超特急「燕」。東海道本線国府津駅

青木も結城同様、「燕」の誕生をことのほか喜ぶとともに感慨もまたひとしおだったろう。

丹那トンネル開通で新ルートに。所要時間を短縮

超特急「燕」は順調な滑り出しを見せた。運行を開始するや、たちまち国鉄のシンボル列車となって東海道本線を颯爽と往来した。そして、この好調を受けて国鉄は1年後の昭和6年12月25日、多客期に運転される1011・1022列車、臨時の特急「燕」を投入した。

「燕」に大きな転機が訪れたのは昭和9（1934）年12月1日、丹那トンネルが開通し、熱海線の名称で建設が進められてきた国府津～熱海～沼津間が全通して、こちらが東海道本線に編入された。同時にそれまでの経路は御殿場線と改められれた。「燕」はほかの優等列車とともにこの新ルートを走ることになった。短絡ルートであり、急勾配も緩和されたことから、当然所要時間も少なくなった。

新しいダイヤは、下りが東京発9時ちょうど、大阪着17時ちょうどで、同2分発、神戸着は17時37分。上りが神戸発12時20分、大阪着12時55分、同13時ちょうど発、東京着21時ちょうどで、所要時間は下り8時間37分、上りが8時間40分。下りが23分、上りが15分短縮された。

国民に笑顔を届けたNHKの国民歌謡『新鉄道唱歌』

昭和が10年代に入ると、世情がにわかにきな臭くなってきた。昭和11（1936）年2月26日には陸軍の青年将校が体制の転覆をはかる二・二六事件が発生、翌12年7月7日には日中戦争に突入するなど、次第に軍国主義が台頭してきた。だが、そんななかにあっても世相は比較的落ち着いていた。

そのことを物語るような明るい歌が巷に流れるようになったのは、昭和12年6月のことである。日本放送協会（NHK）が「国民歌謡」というラジオ番組の中で『新鉄道唱歌』という歌の放送を始めた（鉄道省が公募した『新鉄道唱歌』とは別の曲）。

歌詞は、まず「東海道」に始まり、以後昭和13年11月までの間に「伊勢路」「尾張・美濃・近江路」「近畿」「上野―仙台」「信越線」「直江津―金沢」と立て続けに作られた。

全編七五調、５番～７番までの歌詞がつけられ、作詞作曲は当代一流の歌人と作曲家が担当、また当時一流の歌手が歌った。メロディが、いかにも特急が颯爽と走っているように軽快で、この『新鉄道唱歌』は放送が始まるとともに大ヒットしたという。

なかで国民の口に一番上ったのが最初の「東海道」、それも１番の歌詞である。

〽帝都をあとに颯爽と
　東海道は特急の
　流線一路富士さくら
　つばめの影もうららかに

というものだった。この短いフレーズの中に、特急の「富士」「櫻」「燕」がさりげなく、しかも見事に織り込まれている。国民が大喜びしたことはいうまでもない。

本土が空襲にさらされてついに廃止の道へ

しかし、こうした明るい世相とは裏腹に政情は次第に緊張の度を強めてゆく。鉄道もその渦中に置かれて昭和13年5月5日に国家総動員法が施行されると軍事輸送が優先され、国民の移動は厳しく制限されるようになった。そして、ついに昭和16（1941）年12月8日に太平洋戦争に突入、緒戦こそ戦況は優位に進展したものの次第に敗色が濃くなり、昭和20（1945）年8月15日、連合軍の軍門に下って敗戦を迎えた。

「燕」はそんな戦況下にあってなお走り続けた。所定のダイヤをかたくなに守って走った。けれども、昭和19年6月頃から連合軍の本土への本格的な空襲が始まり、東京、大阪をはじめとする大都市、さらに中小都市までもが空爆にさらされて都市機能が麻痺、国民の生活にも大きな影響が出た。官鉄もまた施設、線路、列車が被弾して被害を受けた。

ここに至って優等列車にもその影響が及ぶようになり、「櫻」が昭和17年11月15日に廃止されたのに続いて、18年10月1日、「燕」もその後を追って命脈を絶たれてしまった。わずか13年という短命であった。「富士」もその後を追うようにして19年4月1日に運行が廃止された。

第3部

人も鉄道も力を合わせて戦後復興

第1章　一眠りして東京・大阪へ。出張族のアイドル

急行「銀河」

昭和24（1949）年9月15日～平成20（2008）年3月14日

混乱のなかから生まれた急行列車

名急行の名をほしいままにした「銀河」には、前史がある。第二次世界大戦終結直後の昭和22（1947）年6月29日、急行復活の第2陣として、戦後の混乱が続くさなかに他の5列車とともに誕生した103・104列車がそうである。戦後はまだどの列車にも愛称などはつけられていなかった。

戦中の軍事輸送主体のダイヤから、戦後は一転、都市圏の通勤需要とともに長距離を移動する旅客需要が高まったことから、国鉄としては車両不足、石炭不足という二重苦のなか早急に長距離列車を復活させる必要があった。

2等・3等座席車から成る東海道本線夜行急行が運行を開始したのは、下り103列車

が6月30日、上り104列車がその前日の29日のことだった。ダイヤは、103列車が東京発21時35分、大阪着翌日9時8分、104列車が大阪発18時30分、東京着翌朝6時40分。所要時間は下りが11時間33分、上りが12時間10分である。車両も古くて、とても急行と呼べる列車ではなかったが、いざ運行が始まってみると乗車率は上々だったという。特に、夜はくつろぎながら眠れる、そして翌日は朝早くから現地で仕事ができることから、出張族には大いに喜ばれた。

ちなみに、時刻表の昭和22年11月号によると、運賃は3等が155円、2等はその3倍の465円で、急行料金は3等50円、2等100円だった。

余談だが、戦後はインフレが激しく進行した時代で、昭和21年は米10kg19円50銭だったものが、昭和22年になると99円70銭と約5倍になり、23年には222円90銭にまで跳ね上がった。国民はこのインフレに大いに苦しむことになった。

国鉄も例外ではなく、前年の運賃が33円だったものを4・7倍も上げざるを得なかった。そして、翌年は……？　なんと昭和23年の時刻表からは、時刻表にはつきものの「鉄道営業案内」欄が姿を消してしまった！　あまりの狂乱物価に対応できなかったものだろうか。

愛称急行第1号として誕生

激変の時代に生まれた急行１０３・１０４列車は、翌昭和23（１９４８）年７月１日からは列車番号も三桁から二桁の11・12に改まり、11月10日からは新製されたばかりの１等特別寝台車マイネ40形が組み込まれるなど、急行としての体裁を整えていった。

そして迎えた昭和24年９月15日、この日行われた時刻改正で11・12列車は再び列車番号が変わった。新しい番号は15・16であった。しかも、24日から１等寝台、２等座席、３等座席を組み込んだ14両編成の堂々たる布陣になった。そしてなにより、この列車にとっての画期は、急行としては戦前戦後を通じて初めてとなる愛称が与えられたことであった。

この改正では、同じ区間を走る急行13・14列車と17・18列車も新設されて東海道本線の夜行急行は３往復体制になったが、愛称のついた列車は「銀河」だけであった。なお、この改正で特急「へいわ」が同じ東京～大阪間で運行を開始した。列車番号11・12を引き継いだのがとりもなおさずこの「へいわ」であった（**第３部第２章参照**）。

大尽の高軒と庶民のため息を乗せて……

「銀河」はさらに変遷を重ねる。昭和25年１月１日から「へいわ」が「つばめ」に改名して1・2列車になると再び13・14列車に戻った。ダイヤは下りが東京発20時30分、大阪には翌朝7時32分に着いた。上りは大阪21時ちょうど発、東京着は翌朝8時8分だった。東京～大阪間の所要時間は下り11時間2分、上りが11時間8分である。

相変わらずインフレは進行していたが、昭和20年代も後半に入ると世情も少しずつ落着きとゆとりを取り戻してきた。

昭和25年10月1日から、「銀河」にはさらに特別1等寝台車と1等寝台車が組み込まれた。その寝台料金は特別1等寝台上段が2250円、下段が3000円、1等寝台は1500円、2000円だった。ちなみに2等寝台は上段が800円、下段が1000円。運賃は3等が620円、2等が1240円、1等が2等の倍の2480円。また、急行料金は3等200円、2等400円、1等600円である。いずれにしてもかなりの高額である。どのような御仁が1等特別寝台に収まっていたのか知る由もないが、政府高官、大手企業の社長といったあたりの人々だったのだろうか、それともこの頃には朝鮮戦争が勃発し闇成金が輩出していたからこれらの人種だったのだろうか。ともあれ「銀河」はこれらの人々の高鼾と庶民のため息を同時に乗せて闇夜を淡々と走り続けた。

時代が激変しても孤塁を守る

昭和が30年代に入るとすぐ、「銀河」に3等寝台車が2両組み込まれることになった。号車番号は編成のなかほどの7・8号。昭和31（1956）年3月20日のことである。「銀河」は誰にも利用しやすい、身近な急行になった。

昭和33（1958）年11月1日、東海道本線上に昼行の電車特急「こだま」が登場、東京〜大阪間を6時間50分で走破するようになった。けれども「銀河」は動じることなく孤高を貫いた。しかも神戸へと足を延ばすことになった。ダイヤは東京発21時、大阪着翌7時20分、神戸着7時59分、上りは神戸発20時50分、大阪発21時30分、東京には翌8時3分に着いた。所要時間は東京〜神戸間が下り10時間59分、上り11時間13分、悠々たるペースである。

昭和36（1961）年10月1日、戦前の水準を凌駕する黄金時代に突入していた国鉄は大規模な時刻改正を実施した。東海道本線と九州特急に限られていた特急が地方幹線にも進出、急行も大幅に増発された。東海道本線だけを走る急行だけでも昼行夜行合わせて10本を超え、ほかにさらに西に向かう急行も多く、準急もあった。しかし、こんななかにあっても「銀河」のポジションに揺らぎはなかった。変化があったとすれば編成端の2等車座席車を除いてすべてが寝台車になったことだ。「銀河」は名実ともに寝台列車になった。

東海道新幹線開業後もしぶとく生き残った！

昭和39（１９６４）10月１日、東海道新幹線開業、東京〜新大阪間を４時間（１年後から３時間10分）で結ぶ超特急「ひかり」と、５時間（同４時間）で結ぶ特急「こだま」が誕生。最高時速２１０㎞という高速時代が到来した（**第４部第８章参照**）。

当然、在来線の列車は大きな影響を被ることになった。東京〜大阪・神戸間の特急はすべて引退を強いられ、急行の本数も削減。昼行急行では「六甲」「いこま」「なにわ」「よど」が、夜行急行では「銀河」「明星」「金星」「月光」がかろうじて生き残った。

皮肉なことに、国鉄は東海道新幹線が開業した昭和39年度に財政が赤字に転落した。そしてその後も、その赤字を肥大化させながら衰退の道を歩み始めた。

そんな環境下にあっても、「銀河」は淡々と走り続けた。昭和40年10月１日の時刻改正で東海道本線急行はさらに削減されたが、どっこい「銀河」は生き残った。それどころか、神戸から姫路へと足を延ばすことになった。急行「はりま」が廃止されたことに伴う措置で、いわゆる〝出世〟というのではなかったが、それだけ「銀河」の存在感は増したこと

EF58形電気機関車に牽引されて東京駅に着いた、20系客車で運行されていた当時の急行「銀河」。1977.8.4　東海道本線東京駅

になる。さらに、昭和43（1968）年10月1日の大時刻改正、いわゆる「よん・さん・とお」の白紙改正では姉妹列車の「明星」を統合して2往復体制になった。「明星」が「銀河1号」になり、それまでの「銀河」は「銀河2号」になった。「銀河1号」は東京～大阪間、「銀河2号」が東京～姫路間という布陣である。

しかし、「銀河」が光り輝いたのもここまでだった。昭和47（1972）年10月1日の改正からは名古屋まで急行「紀伊」との併結運転になった。この改正では、急行がそれまでの準急を格上げするなどして史上最大の数に達したが、その後凋落が始まると、「銀河」も昭和50（1975）年3月10日から再び1往復のみとなった。

ただ、その後昭和51年2月20日には、特急のお下がりではあったが、車両が20系に置き換えられて「ブルートレイン」に仲間入り、国鉄が末期にさしかかった昭和60（１９８５）年３月14日には14系、翌年11月１日からは２段式寝台の24系25形に置き換わるという変遷を重ねた。

完全燃焼して平成20年に引退

「銀河」は走り続けた。国鉄がＪＲに変わり、元号が平成に変わっても走った。けれど、全国の路線で急行の特急への変換が進むようになると、「銀河」の立ち位置も安定したものではなくなってきた。さしもの「銀河」も時代の波に抗することはできなかった。

そして、平成時代が20年代に入ってすぐの20年３月14日を最後に、「銀河」は姿を消すことになった。もうこの頃には、80％を誇った乗車率も40％を切るまでに落ち込んでおり、「銀河」の存在理由はほとんどなくなっていた。それはまた、全国の急行列車に共通するものであった。「銀河」はいわば、急行凋落の象徴ともいうべき列車でもあった。

「銀河」最後のダイヤは、下りが東京発23時ちょうど、大阪着翌朝７時18分、上りは大阪発22時22分、東京着６時42分。所要時間は８時間18分、８時間20分にまで短縮されていた。

「銀河」は前史を入れて62年という長命を全うして鉄道史から消えていった。

第2章 お茶の間に希望と笑いをもたらした

特急「つばめ」 昭和25（1950）年1月1日～昭和39（1964）年9月30日
特急「はと」 昭和25年5月11日～昭和39年9月30日

復興のシンボルとして復活した特急「へいわ」

昭和24（1949）年9月15日、東京～大阪間に特急「へいわ」が誕生した。

第二次世界大戦の終結後、戦前の鉄道省から運輸省に移管された当時の国有鉄道がこの年の6月1日、公共企業体日本国有鉄道（国鉄）として再出発した直後のことである。

昭和16（1941）年12月8日に勃発した太平洋戦争で、日本は緒戦こそ勝利に沸いたものの、その後は戦況が日に日に悪化、軍事物資や兵員の輸送が最優先されるなかで旅客列車の削減が進み、特急「富士」も急行に格下げされて昭和19（1944）年4月1日に廃止されてしまい、国有鉄道の線路上から特急が姿を消して以来約6年ぶりの復活であった。

運転開始に先立つ8日に試運転が行われたが、この時の模様を朝日新聞は「見送りはお祭り騒ぎ特急『へいわ』号の試運転」との見出しをつけ、東京駅10番ホームで行われた式典の模様を伝えた。式典にはカラフルな衣装に身を包んだ松竹歌劇団の団員も参加、華やかに挙行された。そして、大勢の人の見送りを受けて7時15分に発車、大阪には16時15分、1分の遅れもなく到着した。新聞には往時の大スター・佐分利信、木暮実千代らが食堂車で寛ぐ様子を撮った写真も添えられていた。なお、「へいわ」というのはあくまでも仮の名で、愛称は公募によって決められるといったことも同新聞には書かれていた。

東京～大阪間を9時間で結んだ

下りが東京発9時、大阪着18時、上りが12時発、21時着で所要時間は9時間だった。まだ戦前の「燕」の8時間には達しなかったが、当時最速の列車であった。

運賃は東京～大阪間で3等が５８０円、2等が１２４０円、1等は2倍の２４８０円。特急料金は3等４００円、2等８００円、1等１２００円である。当時は激しいインフレのさなかにあり、物価は白米10kgが４４５円、ラーメンが25円、はがきは2円だった。

編成は11両。先頭から順に3等と荷物の合造車、3等車3両、2等車2両、食堂車、2

等車3両、そして最後尾には1等展望車がついていた。この展望車は戦前の車両を改装したもので、桃山様式の華麗で豪華な装飾が施されていた。ただ、ほかの車両はといえば、戦前からの古い車両のうち状態のよかったものを寄せ集めたものだった。発足したばかりの国鉄に、車両を新製する余裕などなく、また占領軍も許可を出さなかったのである。

幸い「へいわ」は好評で、1・2・3等とも連日たくさんの人が乗車した。

「つばめ」の好調を受けて姉妹列車「はと」が運転開始

「へいわ」は日本の、そして国鉄復興のシンボルとして東海道本線を快走した。そして、初期の計画どおり昭和25年1月1日、「つばめ」と改称した。仮の名とはいえ、「へいわ」はとってつけたようで評判は今ひとつ芳しくなかったが、公募の結果、戦前の「燕」に郷愁を覚える国民がこぞって応募したのが「つばめ」だったのである。

「つばめ」の評判は上々だった。利用率も高かったことから、国鉄はもう1本、特急を投入することにした。姉妹列車の「はと」が運行を始めたのは、4カ月後の5月11日のことである。東海道本線特急はこれで2本になった。「はと」はたちまち「つばめ」と並ぶ人気列車に躍り出た。「はと」のダイヤは、下り上りとも「つばめ」の3時間半後の12時

30分発で21時30分に着いた。なお、「はと」の愛称は公募で「つばめ」に次ぐ2位を獲得したことから命名されたものである。

この年10月1日、国鉄は時刻の大改正を行った。全体に列車の増発と速度の向上を図る改正だった。そしてこの時、「つばめ」と「はと」は戦前と並ぶ、待望の8時間運転になった。両列車とも発時刻は変わらなかったが、着時刻が1時間繰り上げられたのである。

「はと」が誕生した直後、家庭のラジオから軽快なメロディが流れ出した。NHKが毎週日曜に放送していた「日曜娯楽版」という、笑いを満載した、今でいうバラエティ番組で歌われた『僕は特急の機関士で』という歌である。この歌は、東海道の巻に始まり、九州巡りの巻、東北巡りの巻、北海道巡りの巻と続いて日本中にブームを巻き起こした。

〽僕は特急の　機関士で
可愛い娘が　駅毎に
居るけど三分　停車では
キスする　ヒマさへありません
東京　京都　大阪

ウーーーーポポ

これは、東海道の巻の1番の歌詞だが、このフレーズに国民は歓喜した。作詞・作曲を手がけたのはこの番組を仕切っていた三木鶏郎《とりろう》、歌ったのは本人と、ともにコメディアンだった丹下キヨ子と森繁久彌、最後の2節は全員が合唱した。

発車合図を出す直前に消えてしまった内田百閒《ひゃっけん》一日名誉駅長

さて、「はと」にはほほえましいエピソードが残されている。昭和27（1952）年10月14日、国鉄は鉄道開業80年という節目を迎えた。全国で祝賀行事が行われたが、なかで一番華やかだったのは、いうまでもなく国鉄本庁と東京駅のそれだった。そして東京駅の一日名誉駅長に大の鉄道ファン、変人奇人で知られる作家の内田百閒が選ばれた。翌15日、百閒は居並ぶ職員を前に「（前略）規律ノ為ニハ。千頓ノ貨物ヲ雨ザラシニシ。百人ノ旅客ヲ轢殺スルモ差閊ヘナイ。本驛ニ於ケル貨物トハ厄介荷物ノ集積デアリ。旅客ハ一所ニ落チツイテヰラレナイ馬鹿の群衆デアル（後略）」などと人を食ったような物騒な訓示を垂れ、続いて東京駅で「はと」の出発式に臨んだ。と、ここまではよかった。本物の駅長

展望車のマイテ39を最後部に連結して東海道本線を走る特急「はと」

と並んで発車の合図を出すはずが、その直前「はと」に乗り込んでしまったのである。そして熱海まで行って別の列車で帰ってきた。「ぼくの合図で出て行く列車を、ぼくは見ていられないんだ。好きですからね。乗って行っちゃった」と、これは後日の述懐である。

「青大将」と呼ばれて７時間半運転に

昭和が30年代に入ると、東海道本線の電化が進捗、残すは米原〜京都間のみになった。この間、「つばめ」「はと」は未電化区間を蒸気機関車、電化区間は電気機関車が牽引していた。

話は大きくそれるが、プロ野球の球団にはそれぞれチーム愛称というものがある。このうち、東京ヤクルトのそれはご存じのように「スワローズ」である。じつは、これは特急「つばめ」にちなんでいる。というのは、ヤクルトは国鉄（国鉄は法律によって球団を運営することができず、外郭団体の交通協力会が運営、鉄道弘済会、日本通運、日本交通公社などが出資した）が運営する国鉄スワローズを前身とするからである。また、未電化区間の先頭には蒸気機関車のC62形、C59形が立ったが、このうちC62形2号機の先端部分の除煙板にはツバメのマークが嵌め込まれている。つまり、ツバメはまさに国鉄のシンボルであった。デザインは異なるが、ツバメのマークは、JRバスに受け継がれている。

昭和31（1956）年11月19日、東海道本線の電化が完了、これを契機に時刻が大改正された。そして、この改正の最大の目玉になったのが「つばめ」「はと」だったことはいうまでもない。

電化完成によって「つばめ」「はと」はすべて電気機関車が牽引することになった。投入されたのは新鋭の電気機関車EF58形である。この機関車が通しで先頭に立つことで速度の向上が可能になり、所要時間が30分短縮されて7時間30分になった。「つばめ」「はと」とも発車時刻は9時、12時30分と変わらなかったが、到着時間はそれぞれ16時30分、20時になった。ついに戦前の水準を凌駕したのである。なお、この頃には古びた客車も徐々に

EF58形電気機関車も客車も明るいグリーン一色になった特急「つばめ」。
1959.5.22　東海道本線三島〜函南

更新され、乗り心地も格段によくなった。
EF58形はこの後長く直流電化区間のエースとして活躍することになるが、「つばめ」「はと」はこの電気機関車とともに塗色がそれまでの小豆色から明るいグリーンに変更されることになった。この塗色に国民はすっかり驚いたが、たちまち「青大将」の異名を得て親しまれるようになった。

東海道新幹線開業とともに東海道本線上から姿を消す

昭和33（1958）年11月1日、「つばめ」「はと」に強力なライバルが出現した。東京〜大阪間を6時間50分で走破する日本初の20系（のちに151系）電車特急「こだま」が颯爽と登場したのである**（第4部第3章参照）**。「つばめ」「はと」

より40分も早い特急を前にして、国民の目には「つばめ」「はと」がいかにも古色蒼然としたものに映ったのはやむを得ないことではあった。

けれども、そんな「つばめ」「はと」にも再び栄光を取り戻す日がやってきた。昭和35（1960）年6月1日に行われた時刻改正で「つばめ」「はと」とも、「こだま」と同じ151系電車に置き換わったのである。そして、所要時間も「こだま」と同じ6時間30分になった。ただ、「はと」は「つばめ」に統合されてしまった。「つばめ」は「第1つばめ」になり、「はと」は「第2つばめ」を名乗ることになった。

そして、運命の日がやってきた。昭和39年10月1日、国民が待ち望んだ東海道新幹線が開業、速達型の超特急「ひかり」が4時間（1年後から3時間10分）、各駅に停車する特急「こだま」が5時間（同4時間）で東京〜新大阪間を結ぶことになった（**第4部第8章参照**）。しかも「ひかり」は14往復、「こだま」は12往復という大所帯。これには在来線特急は抗する術を持たなかった。前日をもって「つばめ」「はと」は「こだま」とともに歴史にその名を刻して表舞台から姿を消すことになった。あっけない幕切れだった。

第3章 憧れの〝出世列車〟に乗って、故郷へ

急行「津軽」
昭和29（1954）年10月1日〜平成5（1993）年12月1日

陸奥《みちのく》は遠かった

かつては首都圏から東北に向かう、その逆に東北地方から上京するには、東北のどこに住むかによって選択肢が異なった。東北本線の沿線に住む人なら一本道、なにも迷うことはない。ところが、山形県、秋田県、さらにその先の青森県の津軽地方からの直通列車はなく、奥羽本線でいったん福島駅に出るか、津軽地方からなら青森駅に出なくてはならなかった。しかも、その時代は長く続いたものだった。昭和29年10月１日に不定期の急行列車が誕生するまでは。

いや、それ以前にも東北本線の福島から奥羽本線に入って青森へ直通する列車があるにはあった。この列車は各駅に停車する列車で、日本交通公社（現在のＪＴＢパブリッシン

グ）の『時刻表』昭和22（1947）年11月の大型特集号によると、上野～青森間を23時間7分かけて走破した。上り列車は22時間45分。ただ、ダイヤは設定されていても、この時代は終戦直後の混乱期で、極度に石炭が不足していたから運行されない日も多く、運行されたとしてもダイヤどおりに走るとは限らなかった。奥羽本線沿線の人にとって東京は遠かった。

昭和23年7月1日の時刻改正で上野～秋田間に急行が新設され、下りが14時間50分、上りが14時間40分で結ぶようになった。少なくとも秋田以南の人には福音がもたらされた。

ところが、これが昭和24（1949）年になると、全国的に速度が低下し、状況は悪化する。9月15日に実施された時刻改正で、上野～青森間の普通列車の下りが24時間4分、上りが25時間33分運転になったのである。ただ、上野～秋田間の急行の所要時間は下りが12時間48分、上りは12時間55分にまで短縮された。同じ奥羽本線沿線といっても、秋田以南と以北では鉄道事情が大きく異なっていたことがわかる。

「津軽」は不定期急行から始まった

こうした経緯を経て、昭和29年10月1日の時刻改正で上野～青森間を上越線、羽越本線、奥羽本線経由で結ぶ2・3等編成の不定期急行が運転を開始した。そして、この列車に「津軽」の愛称が与えられた。時刻は、下りが上野発21時20分、青森着翌日13時26分、上りは青森発14時25分、上野着翌朝6時10分で、所要時間はそれぞれ16時間6分、15時間45分だった。不定期列車ではあったが、これでようやく奥羽本線の秋田以北にも光が射すようになったのである。

「津軽」が不定期列車からスタートしたのは、おそらくどの程度の需要があるか見込めなかったからであろう。この地方からは京浜地帯へ出稼ぎに出る人が多かったが、それはあくまで冬場の農閑期のこと、夏と冬では需要が異なると国鉄は判断したものと思われる。時刻表の欄外には「不定期列車につき運転期間はその都度公示されます」との文言が注記されていた。

折しも日本は戦後復興を急ピッチで成し終えて、高度経済成長期にさしかかっていた。東京、名古屋、大阪などの大都会では工業化が進展、それにつれて人手不足が深刻になってきた。これを補うために駆り出されたのが出稼ぎの人たちである。けれども、これだけでは人手不足は解消されるに至らず、ついには中学や高校を卒業したばかりの少年少女までもが駆り出されるようになった。

国鉄では、これらの少年少女を都会地に輸送するべく、臨時列車を仕立てて輸送にあたるようになった。この列車は集団就職列車と呼ばれて卒業の時期になると、東北や九州と都会地を結んで運転されるようになった。この集団就職列車の第1号になったのが、不定期急行「津軽」が運転を開始する半年前の昭和29年4月5日、青森から上野に向かった列車だった。この集団就職列車で都会に就職した子どもたちは、のちに「金の卵」と呼ばれて日本の高度経済成長を底辺で支えることになった。

上野～秋田間急行「鳥海」を青森に延長して「津軽」に改名

昭和31（1956）年11月19日、東海道本線が全線にわたって電化されたのを受けて、国鉄は全国規模の時刻改正を行った。

この改正で「津軽」は大きく変貌することになる。というのは、上野～秋田間の定期列車に格上げされたうえで「羽黒」と改名されたからである。

ただ、「津軽」の愛称は別の定期の急行に引き継がれて存続することになった。それまで上野～秋田間を走っていた急行「鳥海」が青森まで延長されるとともに、「津軽」と改名したのである。ここに2代目「津軽」が誕生した。経路も、初代が高崎線・上越線・羽越本線経由だったのに対して、東北本線・奥羽本線経由に改められた。

発着時間は下りが上野発21時30分、青森着翌日12時55分で所要時間は15時間25分、上りは青森14時ちょうど発、上野着翌朝5時49分で、所要時間は15時間49分である。

編成は12両、青森方から3等座席車6両、3等寝台車、2等座席車、特別2等座席車、2等寝台車C室、荷物車2両で、3等座席車が主体の列車だったことが一目で見てとれる。もっとも、こういう布陣はなにもこの列車に限ったことでなく、一部の優等列車を除いてほとんどの急行に共通するものだった。

運賃・料金を見てみよう。

まず運賃だが、上野～青森間の距離が757・3kmで1020円、途中山形までは359・9kmで620円、秋田までが571・5kmで880円だった。

急行料金は**表①**のとおりである。

また、寝台料金は距離に関係なく、**表②**のようになっていた。

表①　急行料金

	3等	2等	1等
600キロまで	300円	480円	720円
900キロまで	400円	960円	1440円

表②　寝台料金

	上段	中段	下段
3等	720円	840円	960円
2等C室	1200円	—	1560円

特別2等座席の料金は600kmまでが420円、900kmまでが540円だった。仮に青森から上野まで乗り通すと、運賃と急行料金合わせて3等座席で1440円。出稼ぎに出る人にしてみれば、これでもかなりの負担だったことだろう。参考までに、当時の物価はラーメンが40円、豆腐が15円、ビールが113円。大学を出た銀行員の初任給が5600円だった。

〝出世列車〟と呼ばれて憧れの列車になった!

出稼ぎの人や、集団就職で上京した少年少女にとって、たまの帰省、特に年末年始の帰省はなによりの楽しみだった。けれど、帰るからにはそれなりの経費がかかる。故郷は遠かった。とはいっても、望郷の思いは募る一方である。これらの人々が利用したのは、もっぱら運賃だけですむ鈍行列車だった。時間はかかったが、黙って乗っていれば列車は故郷へと運んでくれる。

そんな人々にとって、急行「津軽」は憧れの列車だった。そして、いつの頃からか、「津軽」に乗ることが夢になった。「津軽」は、なんといっても急行列車、運賃のほかに急行料金もかかったから、この列車に乗るにはそれなりの出費を覚悟しなくてはならない。い

上野駅にて出発を待つ急行「津軽」。1971.7.19

つしか「津軽」は「出世列車」と呼ばれることになった。故郷に錦を飾る列車という一つのステイタスが「津軽」には与えられたのである。

津軽地方出身の人々の夢を乗せて昭和30年代を駆け抜けた「津軽」に転機が訪れたのは昭和40（1965）年のことである。10月1日の時刻改正で、上野から秋田の急行「おが」を青森まで延長して2往復になり、「第1津軽」「第2津軽」となった。

その後、昭和45（1970）年10月1日の時刻改正で同じ経路をたどる夜行寝台特急「あけぼの」が登場したことで、「津軽」はそう無理しなくても気軽に乗れる列車になり、「津軽」は絶頂期を迎えた。

少しずつ存在感が薄れて静かに退場

話は少しそれるが、昭和36（1961）年10月1日に、それまで東海道本線、山陽本線を経由する列車に限られていた特急が、東北本線をはじめ全国の幹線に進出した。そして、本数が18本から52本に増えた。これに呼応するかのように急行もまた、126本から226本に増えた。以後も特急と急行は勢力を伸ばし、昭和43（1968）年10月1日、「よん・さん・とお」と呼ばれた大時刻改正で特急はそれまでの76本から170本に増え、急行も多くの準急を吸収したこともあって318本から1260本と躍進した。しかし、急行のピークはここまでだった。多くが特急に格上げされるなどして次第にその数を減じるようになり、昭和53（1978）年3月1日の時刻改正時には1069本あった急行は1012本と微減、以後も減少を続けた。

こういう時代を背景に、「津軽」にも退潮の影が忍び寄ってきた。

以後「津軽」は再び1往復体制に戻るなどの変遷を経て、奥羽本線を走る孤高の急行として昭和末期から平成初期、国鉄末期からJRへと駒を進めたものの、平成5年12月1日、ついに力尽きて静かに退場することになった。もはや晩年の「津軽」に〝出世列車〟として人気を博した頃の面影は残されていなかった。

第4部

日本中が大賑わいした鉄道黄金時代

第1章 〝高嶺の花〟の列車が旅行熱を誘発

特急「あさかぜ」 昭和31（1956）年11月19日〜平成17（2005）年2月28日

戦後復興のシンボルとして復活した九州特急

昭和31年11月19日、東海道本線の全線電化が、米原〜京都間を最後に完成した。これを一つの契機にして、国鉄は東海道本線だけでなく、全国の路線に及ぶ大規模な時刻改正を実施した。特急や急行、中距離電車の大増発と速度の向上が図られ、第二次世界大戦後最大規模の改正になった。これで、列車の運行体系がようやく戦前の黄金時代の水準にまで回復した。

この改正でのもう一つの目玉が、東京〜博多間に投入された夜行特急7・8列車「あさかぜ」だった。第二次世界大戦末期に急行に格下げされたうえで廃止されてしまった「富士」の再来ともいうべきこの列車は、九州、なかでも福岡県北部の住民の熱い要望を受けて誕生したともいわれているが、戦後の鉄道史を象徴する列車の一つになった。

ダイヤは、下りが東京発18時30分、博多着翌日11時55分、上りが博多発16時35分、東京着翌日10時ちょうどで、所要時間はともに17時間25分。京都、大阪、神戸など関西の主要駅を深夜の時間帯に設定、九州の乗降客に配慮したダイヤが組まれた。

庶民には高嶺の花だったが人気は上々だった

「あさかぜ」の編成は博多方から荷物・3等の合造車、3等寝台車3両、3等座席車2両、食堂車、2等特別座席車、2等寝台車A・B、同Cの10両で編成されていた。旧来の優等客車を寄せ集めたような編成ではあったが、それでもほかの列車に比べれば、数段優れていた。なかでも、2等寝台車（マロネ40形）は、戦勝国からやってきた進駐軍の専用車両として接収されていたものだった。この車両には冷房装置まで設置されていた。

運賃は、博多まで乗り通すとすると、東京〜博多間の距離が１１７３・６㎞で、３１００円。特急料金は**表**③のとおり、距離別に4段階あり、東京〜博多間は「１２００キロまで」に該当する。また、寝台料金は距離に関係なく、**表**④のようになっていた。

仮に、一番安上がりの3等座席車を利用すると運賃の３１００円に特急料金の１０００円を足して４１００円ですんだが、これでも当時としてはかなり高かった。なにしろ比較

表③　特急料金

	3等	2等	1等
600キロまで	600円	1440円	2160円
900キロまで	800円	1920円	2880円
1200キロまで	1000円	2400円	3600円
1201キロ以上	1200円	2880円	4320円

表④　寝台料金

	上段	中段	下段
3等	720円	840円	960円
2等A室	2160円	―	2760円
2等B室	1680円	―	2160円
2等C室	1200円	―	1560円

的高給といわれた銀行員の初任給が５６００円という時代である。３等の上段寝台に乗るとさらに７２０円が加算されて４８２０円になる。最上位の２等寝台のA室下段ともなると、合計で８２６０円！　国家公務員のボーナスが２万８０８０円という時代、なんとも気が遠くなりそうな数字である。

ここからも窺えるように「あさかぜ」は、誰もが気軽に乗れるという列車ではなかったにもかかわらず、走り始めてみると大好評を博した。

国鉄の復興が進んで旅行熱が高まる

「あさかぜ」が運行を開始した昭和31年という年は、経済企画庁がこの年の『年次経済報告』（通称『経済白書』）で「もはや『戦後』ではない」と、戦後からの決別を高らかに宣言した年として知られる。第二次世界大戦で壊滅的な敗北を喫した日本が、戦後すぐから復旧を進め、昭和20年代が後半に入ったあたりから、朝鮮戦争が勃発してその特需を得たという一面はあったものの急速に復興、成長への道を歩み始めた時期にあたる。

国鉄もまた、こうした流れのなか急ピッチで復旧、そして復興へと駒を進め、わずか10年ほどで戦前の黄金時代を凌駕する第二次黄金時代を迎えようとしていた。国民の所得も向上したことから、長く逼塞《ひっそく》を余儀なくされてきた移動、つまり旅行への願望が芽生え始めたのもこの頃のことである。国鉄はこうした動向をいち早く察知して、昭和30年7月1日に運賃等が割引になる「北海道周遊券」を売り出した。幸い好評で1年後に「北海道均一周遊券」と名を改め、昭和32年10月1日には「九州均一周遊券」、翌33年5月1日には「四国均一周遊券」、34年6月1日には「東北均一周遊券」などを売り出して、旅行熱を煽り立てた。

「あさかぜ」を早くも作品に取り入れた松本清張

駅につくと安田は切符を買い、二人には入場券を渡した。鎌倉の方に行く横須賀線は十三番ホームから出る。電気時計は十八時前をさしていた。

「ありがたい。十八時十二分にまに合うよ」と安田は言った。

だが、十三番線には、電車がまだはいっていなかった。安田はホームに立って南側の隣のホームを見ていた。これは十四番線と十五番線で、遠距離列車の発着ホームだった。現に今も、十五番線には列車が待っていた。つまり、間の十三番線も十四番線も、邪魔な列車がはいっていないので、このホームから十五番線の列車が見とおせたのであった。

「あれは九州の博多行きの特急だよ。《あさかぜ》号だ」

安田は女二人にそう教えた。

列車の前には、乗客や見送り人が動いていた。あわただしい旅情のようなものが、すでに向い側のホームにはただよっていた。


松本清張の名声を不朽のものにした推理小説『点と線』(新潮社「新潮現代文学35」・昭和53年)の冒頭部分の一節である。この作品は、日本交通公社の月刊誌『旅』に昭和32年2月号から翌年1月号まで連載された。通常、雑誌はその月の号より少し早めに発売されるから、この第1回が書かれたのは前月の1月、あるいは前年の12月あたりのことだろう。ということは、松本清張はこの年の11月19日にデビューしたばかりの「あさかぜ」を早くもトリックの一つの舞台として取り入れたのである。13番線から15番線が見通せるのは１日わずか４分、この件《くだり》は「空白の４分間」と呼ばれて広く知られることになった。

この小説は連載が終わるとすぐに単行本化されてたちまちベストセラーになった。映画にもなり、テレビドラマにもなったから、印象にとどめている方も多いだろう。だから、これ以上踏み込むのは避けるが、それにしてもデビューしたばかりの「あさかぜ」をいち早く取り入れた松本清張の慧眼には脱帽あるのみである。

「動くホテル」と呼ばれたブルートレインの登場

前述したように、「あさかぜ」に乗るには相応の資力が必要だったが、それでも乗車率は高く、たちまち人気列車に躍り出た。

その「あさかぜ」が２年後の昭和33年10月１日、早くも衣替えをした。新製された20系という客車に置き換えられたのである。この20系は、それまでの列車が１両単位で組成されていたのに対し、先頭から後尾まですべて固定されていた。そして、すべての車両の照明などの電力は編成端の電源車から供給された。しかも、冷暖房まで完備していた。そんなことから、「あさかぜ」は「動くホテル」などと呼ばれてその人気をいやがうえにも高

寝台特急「あさかぜ」用に新製された20系客車。先頭の車両は３等座席車のナハフ20。もう一方の先端に、電源車のマニ20が連結されていた

めていった。

さらに、この2代目の車両はもう一つ大きな特徴を備えていた。車体が濃いブルーに塗装されていたのである。この色は、夜をイメージしたもので、いつの頃からか「ブルートレイン」と呼ばれるようになった。「あさかぜ」に限らず、それまでの国鉄の客車は汚れが目立ちにくいということもあって濃い茶色に塗装されていたのだが、この斬新な装いもまた人々の目を驚かせた。

新生「あさかぜ」のダイヤは、下りが東京発18時30分、博多着11時40分、上りが博多発16時50分、東京着10時ちょうどで、所要時間はともにそれまでを15分短縮して17時間10分になった。運賃・料金は少し上げられたが、「あさかぜ」人気にはいささかの変化もなかった。

半世紀の幕を下ろして退場

その後、「あさかぜ」は遅れて登場したほかの夜行特急ともども夜行列車人気に支えられて順調に成長・発展、臨時列車も設定された。昭和43（1968）年10月1日、「よん・さん・とお」の時刻改正からはこの臨時が定期化されて2往復体制になり、昭和45（1970）年10月1日からは呉線経由東京～広島間急行「安芸《あき》」を吸収して3往復になった。

さらに昭和51（1976）年8月には、居住性の向上を図った24系25形に装いを改めるなどした。だが、この直前に山陽新幹線が全通、東京～博多間の直通列車が何本も設定されて東京と九州の時間距離が大きく短縮されるにつれて需要が衰えていった。それでもJR化後もなんとか持ちこたえたものの、列車の高速化という潮流には抗する術もなく、平成17年2月28日を限りに運行に終止符を打つことになった。

最終列車には多くの鉄道ファンや常連の利用客が押し寄せてその退場を惜しんだ。あと少しで運行50年を迎えようかというタイミングでの、引退であった。

なお「あさかぜ」に限らず、夜行列車の衰退は全国の列車に共通する。現在では電車化された「サンライズ出雲」「サンライズ瀬戸」を除いて夜行の寝台特急は1本もない。

第2章　東北路をスピードアップ、旅をさらに盛り上げた

特急「はつかり」

昭和33（1958）年10月10日～平成14（2002）年11月30日

台風の影響で運行開始が遅れる

昭和33年9月20日、グアム島付近の洋上で発生した熱帯低気圧が、勢力を強めて翌21日に台風22号となって日本に迫り、27日0時頃神奈川県の東部に上陸した。22号はその後東京、さらに東北へと進み、同日6時頃に温帯低気圧となり消滅。のちに「狩野川台風」と命名されたこの台風が与えた被害は甚大で、死者・行方不明者が1260人を超えた。

幸い東北地方に大きな被害はなかったが、それでも路線の一部に影響が及んだ。このため、10月1日の時刻改正でデビューすることになっていた特急「はつかり」の運転も延期を余儀なくされた。この日は特急「あさかぜ」が20系ことブルートレインに衣替えした日でもあったが、陸奥に初めて登場する特急として、東北の人がことのほか待ち望んでいた

「はつかり」だけに地元の人々の落胆は大きかった。

それから9日が過ぎた10月10日、上野と青森を常磐線経由で結ぶ特急「はつかり」がようやく運行を開始した。なんともほろ苦いデビューであった。

華やかに行われた青森駅の出発式

この日の模様を青森の東奥日報は夕刊で次のように伝えている。

「はつかり」処女運転

廿二号台風のためのびのびになっていた東北特急『はつかり』は十日から運転をはじめた。青森―上野間に鉄道が敷かれて六十七年で東北地方最初の特別急行列車がみちのくを突走り北海道―東京間の距離がずっと縮まったわけである。この日、青森駅では午前四時半から出発式を行い処女列車を祝った。自衛隊のブラスバンド演奏、山崎吉田両機関士への花たば贈呈、祝辞などがあってのち、安井東京都知事と横山青森市長、菊池上野駅長と潮青森駅長のメッセージ交換があり、五時かっきり山崎盛岡局長がテープを切って上り一番の特急列車が青森駅二番ホームをあとにした。（以下略）

この後、一番列車に乗った人の数が書いてあるが、それによると3等が定員360人に対して270人、2等が96人に対して31人で、3等は国鉄の目論見をかなり上回ったらしい。また、クッションのついた3等車の乗り心地は上々で乗客の評判もよく、「これからは快適な汽車の旅ができます。欲をいえば青森〜上野間を十時間程度に短縮してもらえば」との声が掲載されている。なお、列車は台風の影響で一部区間で徐行しなくてはならなかったため上野に20分ほど遅れて到着した。

全行程を蒸気機関車が牽引

「はつかり」は昼行で、下りは上野を12時20分に出て青森には夜中の0時20分に着いた。一方上りは青森発5時、上野には17時に到着。所要時間はともに12時間である。この間の距離は751・4km、平均時速60kmを少し超える程度の速度で12時間とはいかにも遅いが、動力車のなかでは一番遅い蒸気機関車が牽引したから、これはやむを得ないことではあった。それでも上野〜仙台間は当時最速のスピードランナーC62形が先頭に立ち、仙台〜盛岡間はC61形、盛岡〜青森間はC61形とC60形の重連で懸命に走った。

客車は、青森方面に向かって3等車1両、2等車2両、食堂車、3等車3両、3等と荷

C62形蒸気機関車に牽引されて常磐線を走る客車列車当時の特急「はつかり」

物車の合造車１両の８両で、３等車主体の編成である。

「はつかり」に寄せた利用者の期待は大きかった。それだけにスピード、車内設備などが、ほぼ同時に登場した「こだま」（**次章参照**）に比べて劣ることに対する批判も数多く寄せられ、スピードの改善、乗り心地の改善が強く求められるようになった。人間というものは、一つの希望が満たされればすぐにその上を志向する動物なのだろう。

昭和36年10月改正で10時間半運転になる

折しも、国鉄では非電化区間の列車のスピードを改善するために気動車の研究・開発を進めていた。すでに国鉄ではキハ55系を開発して昭和31（１９５６）年あたりから全国の準急に充当していたが、この特急版を開発するべく研究に着手した。「はつかり」が運転を開始した直後の昭和33（1958）年11月3日の朝日新聞が次のように伝えている。

旧特急、デラックスに
「はつかり」ディーゼル化

（前略）

◇東北特急 「はつかり」は現在、上野—青森間十二時間かかるが、レールの改修や線路の複線化によっても、C62型機関車のケン（牽）引力では、せいぜい二十分ぐらいしかスピードアップできない。これをディーゼルにすれば「つばめ」級の時速九十五キロが出せ、十時間半程度に短縮できる。これは、二年後に実現の見込み。（以下略）

こうして生まれたのがキハ80系気動車による「はつかり」である。朝日新聞が予告したとおり、2年後の昭和35（1960）12月10日から運行が始まった。日本で初めての気動車特急である。気動車「はつかり」の編成は9両。青森に向かって3等車5両、食堂車、2等車2両、3等車1両で、客車編成同様3等が主体であった。

だが、これでスピードが上げられたかというとじつはそうではなかった。というのは、運転士に習熟させるために旧ダイヤが据え置かれたからである。また、新型車両につきものの初期故障も多発した。口さがない人の間では「はつかり型」ならぬ「がっかり型」などと揶揄された。

「はつかり」がスピードアップされたのは４カ月後の昭和36年３月１日のことである。所要時間を短縮して10時間43分になった。まだ、目標の10時間半には13分長い。

しかし、この後すぐに「はつかり」の10時間半運転は実現した。全国の列車ダイヤを白紙状態に戻して行われた昭和36年10月１日の時刻大改正で、下りが上野発13時30分、青森着23時55分。上りは青森発５時５分、上野着15時35分になって名実ともに特急らしくなった。しかも、下りはわずか５分ではあるがさらに短縮して10時間25分になった。以後「はつかり」はこのダイヤを頑ななまでに守って昭和40年代を迎える。

「よん・さん・とお」改正で２往復に

昭和42（１９６７）年10月１日の時刻改正で、「はつかり」は発着時刻に少し変更が加えられた後、鉄道史に名高い「よん・さん・とお」、昭和43年10月１日の大時刻改正を迎える。この改正は東北本線の全線が複線化、電化されたことに伴うものである。その恩恵を最大に受けたのはあるいは「はつかり」だったのかもしれない。常磐線経由から全区間を東北本線に改めたうえに、1往復増発されて2往復になった。この改正に先立つ9月9日にまず新鋭の583系電車に置き換えられたが、これによりさらなる所要時間の短縮が実現した。ダイヤは、「はつかり1号」の下りが上野発10時15分、青森着18時47分、「はつかり2号」が上野発15時40分、青森着0時10分で所要時間は8時間32分、8時間30分。上りは「はつかり1号」が青森発4時40分、上野着13時10分、「はつかり2号」が青森発9時、上野着17時32分で所要時間は8時間30分、8時間32分。10時間の壁を一気に突き破って8時間台の運転になった。もうこの頃には東北本線には夜行の寝台特急「はくつる」や「ゆうづる」(第4部第9章参照)も投入されており、ほかに急行も多数活躍していたが、あくまでも昼行にこだわった「はつかり」は東北路のエースと位置づけられた。

東北新幹線の開業とともに首都圏と青森を結ぶ昼行特急としての役割を終える

「はつかり」の躍進はさらに続く。まず、昭和45(1970)年10月1からは3往復になり、次いで昭和48(1973)年4月1日からは4往復、昭和50年代に入って53(1978)

年10月2日からは6往復へと増発された。けれども、これが上野～青森間の「はつかり」のピークだった。

4年後の昭和57（1982）年11月15日、東北新幹線の大宮～盛岡間・上越新幹線の大宮～新潟間の本格営業を期に実施された時刻改正をしおに「はつかり」は一気に11往復に増やされた。しかし、これは上野と青森を結んだ往年の「はつかり」とはおよそ異なるものだった。運転区間が、東北新幹線とアクセスする形で盛岡～青森間に短縮されてしまったのである。これは、実質的に首都圏と青森を結ぶ昼行の東北特急としての役割を終えたことを意味するものだった。対照的に夜行特急の「はくつる」「ゆうづる」が増発されたことがそのことをなによりも雄弁に物語っている。昼行特急であるがゆえの「はつかり」の宿命だった。新幹線の猛スピードに、「はつかり」は抗する術を持ち合わせていなかった。

「はつかり」はその後、昭和63（1988）年3月13日の青函トンネル開業に伴って2往復が函館まで足を延ばし、平成12（2000）年3月11日には、新型車両のE751系による「スーパーはつかり」も登場したが、平成14年12月1日の東北新幹線の八戸延伸によって、後進の「白鳥」に道を譲ってついに廃止された。

第3章　東京・京阪神の出張を日帰りにした〝罪な奴〟

特急「こだま」

昭和33（1958）年11月1日〜昭和39（1964）年9月30日

東海道本線上に登場した日本初の電車特急

長距離列車は機関車が牽引する客車列車という常識を打ち破って、昭和33年11月1日、日本で初めてという触れ込みで東海道本線に颯爽と登場したのが、電車特急「こだま」である。20系（のちに151系）という専用の電車が開発されたことで電車化が実現した。10月1日の時刻改正時から運行を開始する予定だったが、運転士の習熟運転が遅れたこと、いくつかの解決すべき技術的な問題があったため、1カ月遅れのデビューとなった。

東京〜大阪・神戸間に2往復設定され、「第1こだま」「第2こだま」と命名された。所要時間は2列車とも、また下り上りとも東京〜大阪間6時間50分、東京〜神戸間7時間20分。表定速度は時速81・9km、最高速度は時速110kmだった。時速100kmの壁を破っ

東京駅15番線ホームで行われた151系（当時は20系）特急「こだま」の出発式。テープカットをするのは十河信二国鉄総裁。1958.11.1　東海道本線東京駅

別表

下り	101	第１こだま	東京発07：00	大阪着13：50	
	103	第２こだま	東京発16：00	大阪発22：55	神戸着23：20
上り	102	第２こだま	大阪発16：00	東京着22：50	
	104	第１こだま	神戸発06：30	大阪発07：00	東京着13：50

た国鉄（日本国有鉄道）初の列車でもあった。途中横浜、名古屋、京都の３駅に停車するだけという、文字どおりの俊足特急である。

東京～大阪・神戸のダイヤは、**別表**のとおりである。

編成は８両、内訳は大阪・神戸方から３等車２両、３等とビュフェの合造車、２等車２両、３等とビュフェの合造車、３等車２両である。「ビュフェ」というのは聞きなれない言葉だったが、これは簡易食堂のことでビジネス特急に

ふさわしくスタンド式、供される食も軽食という、いたって簡素なものだった。

なお、「こだま」の愛称は公募によって決められた。応募総数9万2864票、このうち「こだま」は2864票を獲得した。当時としてはかなりの応募数で、国民のこの列車に寄せる関心の高さが浮き彫りになった。「こだま」に投票したなかから抽選で賞金の2万円と、北海道または九州の周遊券を手にしたのは長崎市の子どもだった。

国鉄技術陣の誇らしげな顔が浮かぶ「国鉄写真ニュース」

この頃、日本交通公社の『時刻表』巻頭のグラビアに毎号、「国鉄写真ニュース」が掲載されていたが、11月号のニュースは当然「こだま」だった。上段の走行写真、下段のビュフェの写真に挟まれて、中段には次のような説明が付された。

東京~大阪間の日帰りが実現

11月1日から愈々待望の、東京~大阪・神戸間ビジネス特急「こだま号」が誕生します。この特急は、東京~大阪間を6時間50分で快走しますので、両地を朝たって、東京、大阪で用事をすませ、夕方たてばその日のうちに帰ることができます。

また、この特急は最新車両技術の粋をあつめて製作されたもので、空気バネ、2重ガラス窓、全車冷暖房方式を採用していますから、乗り心地は従来の車両に比べ、非常に快適なものになっています。

食堂車もビジネス本位の特急らしく、スタンド式の食堂（ビュフェ）になっています。

なんとも誇らしげで、当時の国鉄の心意気と自信のほどが凝縮されているような感がある。所要時間は、先輩格のEF58形電気機関車牽引の東京〜大阪間特急「つばめ」「はと」より40分も短い。ちなみに、「つばめ」のダイヤは、下り上りとも9時発16時30分着、「はと」のそれは12時30分発20時着だった。これでは大きく胸を張りたくもなろうというものだ。

高速化のとばっちりを受けたサラリーマン

この「国鉄写真ニュース」のなかで、「こだま」はビジネス特急と位置づけられたが、このダイヤで見ると、例えば大阪に出張する場合、東京を7時発の「第1こだま」で発つと大阪に13時50分に着き、所用をすませて大阪を16時発の「第2こだま」に乗れば東京には22時50分に戻ることができる。大阪に滞在すること2時間10分、この間にあわただしく業務をこなせばその日のうちに東京に戻れるという計算である。

「こだま」の登場によって東京〜京阪神間に限っては宿泊を認めないという企業が多発したというが、けれどもこれはいかにもタイトなスケジュールだった。駅と仕事場間の移動時間も考慮に入れれば、出張先での正味の滞在時間は1時間から1時間半といったところ。これではとても時間が足りない。落ち着いて仕事なんてできたものではない。

当時、出張族からは「会社じゃその日のうちに帰ってこいというんだ。とてもじゃないが日帰りはきついよ」「仕事を終えて一杯やりたかったのになあ」「出張先で泊まるというのは、出張の楽しみでもあるのにな」といった嘆き節、恨み節が多く聞かれたものだった。列車の高速化、所要時間の短縮は時に、罪作りなことをするものである。

ともあれ、「こだま」は順調なスタートを切った。ビジネスマンには酷な列車だったかもしれないが、折しも日本は高度経済成長のとば口にさしかかっており、人気は上々、この列車で快適な鉄道旅行を楽しんだ人は多かった。

ちなみに、運賃は東京〜大阪間で3等990円、特急料金は3等800円、2等1920円。出張族の多くは、重役さんならいざしらず、多くのサラリーマンは3等にしか乗れなかった。しめて片道1790円也である。

約6年という短命に終わった花形特急

「こだま」は、その後も順調に成長を続けていった。

まず、151系車両が翌年7月31日に行われた速度試験で当時狭軌で世界最高という、時速163㎞を記録した結果を反映し、昭和35（1960）年6月1日からは表定速度が時速86㎞と従来を上回り、所要時間も20分短縮されて6時間30分になった（先輩格の「つばめ」「はと」も遅ればせながら151系車両が投入されて電車特急に衣替えし、所要時間も同じ6時間30分になった）。そして、これを期に編成も一新。大阪・神戸方から1等車5両、食堂車、2等とビュフェの合造車、2等車5両である（同年7月1日に3等級制から2等級制に移行）。このうち、先頭の1号車は客車当時の「つばめ」「はと」の展望車に代わる「パーラーカー」（クロ151）で、特急料金のほかに特別座席券が必要だった。

「こだま」は名実ともに日本を代表するビジネス特急であり、観光特急でもあった。

「こだま」には輝かしい未来が約束されていたように見えたが、じつは「こだま」に残された時間はそう長くはなかった。これは運転を開始した当初からあらかじめ宿命づけられていたことでもあったが、昭和39（1964）年10月1日、東海道新幹線が開業、東京～新大阪間を4時間で疾走する超特急「ひかり」が誕生すると、「こだま」はその速度でとても太刀打ちできず、廃止されてしまった。当然ながら「つばめ」「はと」も運命を共にした。「こだま」の愛称が、各駅停車タイプの新幹線特急に引き継がれたのがせめてものはなむけであった。約6年という短命であった。

ここで「宿命づけられていた」と書いたのは、151系は東海道新幹線に投入された0系のための試験車両という側面もあったからである。この二つはともに技師長の島秀雄が設計した。D51形をはじめ、C62形などの蒸気機関車、通勤電車の90系（のちに101系）、湘南電車の80系等数々の車両を設計した優秀な技術者である。島技師長は元国鉄マン、当時は民間会社にあったが、東海道新幹線の建設に心血を注いだ第4代国鉄総裁十河《そごう》信二が三顧の礼で迎えたのがこの人だった。

映画『天国と地獄』が浮き彫りにした「こだま」の存在感

「こだま」は約6年という短命に終わったが、その人気は終始衰えることがなかった。そのことを裏づけるように「つばめ」「はと」とも、いろいろな媒体に取り上げられたが、なかでその存在を強く印象づけたのは黒澤明が監督した映画の『天国と地獄』だった。主人公は、横浜の高台の豪邸に住む製靴会社の常務（三船敏郎）。自分の子どもと間違えてお抱えの運転手の息子を誘拐し、３０００万円という破格の身代金を要求してきた犯人と、最初は身代金の支払いを拒んだがやがて翻意した常務と神奈川県警の刑事たち（仲代達矢他）が力を合わせて闘うというスリルに満ちた作品だ。

このなかで、疾走する下り「第2こだま」の車内で繰り広げられた常務と刑事たちの奮闘ぶりが克明に描かれていた。この映画は2時間を超える大長編、「こだま」が登場するのはほんの6分ほどにすぎなかったが、その存在感の大きさといったらなかった。

『天国と地獄』は昭和38年3月に封切られたが、季節が夏に設定されていたから、撮影されたのは前年のことだろう。ということは「こだま」が終焉を迎える2年前のことである。引退には今少し間があったが、「こだま」にとってはなによりの花道になった。

第4章　専用電車は、少年少女の夢を乗せて

修学旅行専用列車

「ひので」昭和34（1959）年4月20日～昭和46（1971）年10月26日
「きぼう」昭和34年4月20日～昭和46年10月16日

修学旅行専用の列車を走らせた男

今はそうでもなくなったが、かつては修学旅行といえば鉄道がつきものだった。とはいえ、昭和20年代の修学旅行生たちは普通の客車に一般の客と混在して乗るというのが一般的で、これは当然ながらトラブルも多く、一般客、修学旅行生双方に不評であった。

話は一転するが、第二次世界大戦終結後の昭和23（1948）年3月、馬場勇という男が日本ツーリストという旅行会社を立ち上げた。名前だけは御大層だが、その実は社員数人というちっぽけな会社で、呱々《ここ》の声を上げたのは東京・秋葉原のガード下の薄汚い一室だった。

以下は、城山三郎の小説『臨３３１１に乗れ』に拠るが、馬場は剛毅な男で、日本ツーリストを将来はイギリスのトーマス・クック社やアメリカン・エキスプレス社のような世界的な旅行会社に成長させることを夢見ていた。そんな馬場が最初に目をつけたのが、修学旅行生だけを輸送する専用列車を仕立てることだった。

馬場は、国鉄が土曜と日曜だけに走らせている温泉列車に目をつけた。この臨時列車は1泊2日で客を品川から熱海・伊東へと運んでいた。だから、平日はこの車両は品川の車庫で眠っているのである。馬場は、国鉄に三拝九拝、説得に説得を重ねてようやくこの車両を平日に限って借用することに成功、手始めに日光に行く修学旅行に投入した。

これが修学旅行専用列車の始まりである。幸いこの専用列車は大好評、この後京都行きの修学旅行専用列車を10本も設定するなど、次第に領域と本数が広がっていった。

専用列車が登場したことで修学旅行の様相が一変したことはいうまでもない。なにより一般客との軋轢《あつれき》がなくなったことで生徒たちも大手を振って列車に乗れるようになった。

馬場勇が遺した大きな軌跡

ここからは蛇足だが、あまりにも奔放な経営がたたって日本ツーリストはついに倒産寸前にまで追い込まれてしまった。窮した馬場は伝手《つて》を頼って近畿日本鉄道（近鉄）社長の佐伯勇を訪ねた。そして資金の援助を申し出たが、佐伯は融資を承諾するとともにお荷物になっていた子会社の近畿日本航空観光と合併させようと逆に提案した。対等合併というよりむしろ吸収合併に近いものだった。その折、馬場は佐伯に「社名だけは日本ツーリストにしてほしい」と拝まんばかりにして懇願した。佐伯はこれに対して「ほぼそのとおりや。上に近畿の2文字を付けるだけや」と応答した。

旅行会社大手の一角を占める近畿日本ツーリスト誕生にまつわる話である。馬場は専務（のちに副社長）に就任した。そして、この会社を発展させるべく、身を粉にして働いた。

なお、『臨３３１１に乗れ』は小説仕立てになっているが、じつは馬場勇が城山三郎に依頼して書き下ろしてもらった、れっきとした近畿日本ツーリストの社史である。ただ、馬場は城山が書き終える前に病に倒れ、この社史の完成を見届けることなく前年に他界した。64年の生涯だった。馬場の歩んだ道は苦難の道ではあったが、旅行業界に遺した軌跡はとてつもなく大きなものだった。

戦後始まったベビーブームが修学旅行の需要を高めた

第二次世界大戦後の昭和22年あたりから日本の人口が大きく増え始めた。いわゆるベビーブームの発生である。ベビーブームは、敗戦で疲弊した日本にとって、ある面では重荷だったが、日本が活力を取り戻すための原動力でもあった。統計では、昭和22年から24年までの３年間に２７０万人もの「ベビー」が生まれたという。

そして、このベビーブーム世代が長ずるにつれて修学旅行も勢いを取り戻してゆく。馬場勇が誕生させた修学旅行専用列車の需要も高まる一方であった。

しかし、修学旅行用に充当された車両はといえば、旅客列車のお下がりがほとんどで、乗り心地は悪くて不潔、お世辞にも素敵な車両とはいえないものだった。もっとも、この時代はほかの列車の車両も似たようなもので、国鉄では少しずつ車両の更新を進めてはいたが、一気にというわけにはいかなかった。のちにいわゆる「旧型客車」と呼ばれることになる古い車両を、国鉄は昭和40年代から50年代あたりまで使い続けたのである。

専用電車「ひので」「きぼう」の誕生

昭和30年代に入って修学旅行専用列車にも変革の時が訪れた。

「ひので」をバックに記念写真を撮る女子中学生

昭和33（1958）年6月に幹線の電化区間で活躍していた「湘南電車」こと80系電車の一部が修学旅行列車用に転用され、続いて翌34年4月20日に新たに製作された82系（のちに155系）電車が修学旅行専用車両として東海道本線で運行を開始したのである。8両編成と12両編成（のちにはすべて12両になり、さらに16両編成になった後、再び12両になる）があり、座席は1列2人＋3人掛けの5人掛け、最大で800～1200人近くを輸送することができる車両で、これはベビーブーム世代がもうじき中学生になることに対応するものであった。そして、この車両で東京から発車して戻る列車に「ひので」、関西地区から出発する列車に「きぼう」という愛称がつけられた。

82系「ひので」が初めて運行された時の模様を朝日新聞は4月20日夕刊で次のように伝えている。

3人掛けのボックス席でお弁当を食べる修学旅行の中学生たち。1960.4

「ひので」の第一陣出発

品川駅　運転士に花束贈って

真新しい修学旅行用電車「ひので」に乗って東京都新宿区立四中学の千二百人が、きょう二十日午前八時五十分、品川駅から関西に向かった。これは全都の公立中学約四百校の三年生約十二万人が一本の計画で行う修学旅行の第一陣だ。一方、この日、京阪神三市からも修学旅行用電車「きぼう」に乗った中学生が関西を出発、午後六時十五分品川に着く。

以下、記事は品川駅ホームが華やかなアーチで飾られたこと、女子生徒が運転士と車掌に花束を贈呈した情景などを描写している。

「ひので」のダイヤは品川発8時43分、京都着

17時58分、帰途は京都発20時31分、品川着翌朝6時3分、所要時間はそれぞれ9時間8分、9時間32分である。これは当時の東海道本線の急行のそれと比較して遜色ないものである。

一方「きぼう」のダイヤは神戸発8時50分、品川着18時15分で所要時間は9時間25分、帰途は品川発20時11分、神戸着翌朝6時5分、所要時間は9時間54分だった。

「ひので」「きぼう」の稼働率が高く、人気があったことからこの後「こまどり」「わかあゆ」「とびうお」「わかば」などの姉妹列車が各地に生み出されていった。

子どもたちの夢を乗せて「ひので」「きぼう」は昭和30年代を走り続けたが、やがて終焉の時がやってきた。昭和39（1964）年10月1日に東海道新幹線が開業すると、修学旅行も次第に新幹線を利用するようになり、「ひので」「きぼう」とも利用する学校が減ったことから昭和46年10月16日にまず「きぼう」が、次いで10日後の26日に「ひので」も廃止された。

わずか12年半の寿命ではあったが、「ひので」「きぼう」は東海道本線に大きな足跡を刻んで鉄道史の表舞台から姿を消した。

第５章　首都圏と仙台をこまめに往復。東北の発展に大貢献

特急「ひばり」

昭和36（１９６１）年10月1日～昭和57（１９８２）年11月14日

上野～仙台間を往来した名特急

昭和36年10月１日、特急網の全国展開という流れに乗って上野～仙台間に不定期特急としてささやかに１往復誕生した「ひばり」がその後大きく天空に羽ばたいて、東北新幹線開業までの21年間、大車輪の働きをするなどと誰が想像できただろう。最後は「エル特急」の称号も賜り、14往復にまでその本数を増やして地域輸送に貢献した。エル特急というのは、本数の多い昼行特急のことで、下り17号と上り最終の28号だけは別ダイヤだったが、13往復は下りが毎時０分発、上りは毎時58分発というダイヤが組まれていた。到着時刻も下りは毎時15分、上りは13分である。上野～仙台間の距離は３４８・２㎞、所要時間は上下とも４時間15分、表定速度は時速81・９㎞という韋駄天ぶりだった。

最初は不定期列車としてスタートした「ひばり」

前述したように「ひばり」は昭和36年10月1日、後に「さん・ろく・とお」と呼ばれるようになる戦後最大の時刻改正で誕生した。この改正では、それまで東海道・山陽・九州筋に「あさかぜ」「はやぶさ」「平和（のちに「さくら」）」、東海道筋に「第1こだま」「第2こだま」「つばめ」「はと」、山陽筋に「かもめ」、東北筋に「はつかり」と、ごくわずかな本数しか国鉄線上に投じられていなかった特急が一気に52本104往復にまで増やされ、特急網が地方幹線にまで広がった。

「ひばり」もそのうちの1本で、上野〜青森間特急「はつかり」に次いで東北（といっても仙台発着だったが）に2番目に誕生した不定期の特急だった。おまけに、実際に運行が開始されたのが翌昭和37年4月27日からと、どこまでも継子《まま こ》扱いであった。その理由は、新設はしたものの車両のやりくりがつかなかったからである。このほか、東北筋には上野と秋田を結ぶ「つばさ」も新設されたが、こちらはれっきとした定期の特急である。

使用された車両は特急型気動車のキハ82系。時刻表の巻末近くには特急と急行の編成表が掲載されているが、そこに「ひばり」のそれはない。不定期だったからである。

6両編成だった。仙台に向かって前から3両が2等車、次が食堂車、5両目が1等車、最後が2等車の6両である。1等車は全席リクライニング・シートである（前年7月1日に3等級制から2等級制になった）。短い編成ではあったが、それなりの構えをしていたことが窺える。ダイヤは、下りが上野発16時30分、仙台着21時23分、上りは仙台発7時30分で上野には12時25分に着いた。所要時間はそれぞれ4時間53分、4時間55分である。

気動車から電車に代わってスピードアップ

このように不安定かつ曖昧な状態でスタートした「ひばり」だったが、すぐに本領を発揮することになった。ビジネスに便利との評判を得て利用者が増え、昭和38（1963）年10月1日からは定期特急に昇格した。

この後、「ひばり」は破竹の勢いで進化を続ける。昭和40（1965）10月1日からは1往復増発されて2往復になるとともに車両が気動車から電車に代わった。これは、東北本線が盛岡まで電化されたことに伴うもので、充当された車両は交直両用の483系電車だった（東北本線は黒磯で電源が直流から交流に切り替わる）。

編成は、それまでの6両から一気に10両に増えた。1等車は1両のままだったが、食堂車を除く残りの8両は2等車ですべて指定席だった。

「よん・さん・とお」ダイヤ改正の日に上野駅で並んだ485系特急「ひばり」とキハ82系特急「はくたか」。1968.10.1　東北本線上野駅

483系は、昭和33（1958）年11月1日、東海道本線の「こだま」で運転を始めた直流タイプの151系の流れを汲む車両で、直流と交流50ヘルツの二つの電源区間を走ることができた。

ダイヤは、「第1ひばり」の下りが上野発8時、仙台着12時40分、「第2ひばり」は上野発18時、仙台着22時35分で、所要時間はそれぞれ4時間40分、4時間35分だった。都心と仙台間の時間距離がさらに短縮された。電化と電車化がもたらした時間短縮である。

この後、「ひばり」はしばらくこの状態で推移したが、2年後の昭和42（1967）年10月1日の時刻改正で、「第2ひばり」の発着駅が上野駅から東京駅になった。ダイヤは東京発17時50分、上野以北のそれに変化はなかった。なお、車両はのちに４８５系に漸次交代した。

絶頂を極めたところで東北新幹線「あおば」にバトンタッチ

「ひばり」のさらなる飛躍の時は昭和43年10月1日、「よん・さん・とお」の大時刻改正時に訪れた。この改正は東北本線の全線複線化と電化が成ったのを機に実施されたもので、その規模は東北本線だけでなく全国に及び、改正前まで70本だった特急も１７０本にまで増えた。「さん・ろく・とお」を凌ぐ、まさに空前絶後の改正であった。

そして、「ひばり」もこの勢いのままに5往復にまで増やされたのである。このうち下り5号と上り1号は東京発着で、所要時間は東京～仙台間で上下とも4時間ちょうど、その他の4本の上野～仙台間は3時間58分だった。わずか2分ではあったが、ついに4時間を切った。しかも上り6号の仙台～上野間だけはさらに短縮されて3時間53分になった。そして、「ひばり」はこの1年後の昭和44年10月1日からは不定期の1往復が定期に昇格、6往復になった。

「ひばり」にとっての次のエポックは、昭和48（１９７３）年10月1日に訪れた。この日を期して13往復にまで増えたのである。

この間、昭和45年10月1日に7往復、47年3月15日に9往復、同年10月2日に11往復と、漸増を重ねてたどり着いた13往復である。そして、この47年10月2日の時刻改正では一群の「エル特急」が誕生、「ひばり」も晴れて仲間の一員になった。同時に初めて普通車に自由席が3両設定された。さらに昭和48年1月には一部の列車にグリーン車がもう1両組み込まれた。

昭和が50年代に入って3年目の53（1978）年10月2日、「ひばり」は15往復になって頂点に上り詰めた（2年後の昭和55年10月1日には14往復に減らされたが）。

しかし、これが「ひばり」の絶頂であった。工事が進められてきた東北新幹線が昭和57年6月23日、大宮～盛岡間で暫定開業したところで役割を終えたとして6往復が廃止に追い込まれた。東北新幹線には特急「あおば」が大宮～仙台間に4往復投入された。「あおば」は「ひばり」の所要時間を大幅に短縮して2時間17分で結ぶようになった。上野～大宮間に設定された「新幹線リレー号」の所要時間と接続時間を入れても3時間少しで都心と仙台が結ばれたのである（第6部第2章参照）。11月15日の本開業の時点で残された「ひばり」も全廃され、東北本線上に大きな足跡を刻み続けた21年に及ぶ生涯を閉じた。

第6章　道東と本州に渡る拠点駅を結んだ

特急「おおぞら」　昭和36（1961）年10月1日〜平成13（2001）年6月30日
特急「スーパーおおぞら」　平成9（1997）年3月22日〜

北海道の現在の輸送体系

現在、JR北海道の在来線上には10本の特急が行き交っている。「スーパー北斗」（函館〜札幌間）、「すずらん」（札幌〜室蘭・東室蘭間）、「スーパーとかち」（札幌〜帯広間）、「スーパーおおぞら」（札幌〜釧路間）、「ライラック」（札幌〜旭川間）、「カムイ」（札幌〜旭川間）、「宗谷」（札幌〜稚内間）、「サロベツ」（旭川〜稚内間）、「オホーツク」（札幌〜網走間）、それに「大雪」（旭川〜網走間）である。

かつては、函館と釧路を長路結ぶ特急が配されていたが、今は1本もない。それどころか、「スーパー北斗」を除く9本が札幌または旭川と道北、道央、道東を結ぶ区間特急である。つまり、札幌を軸にした特急網が形成されているのである。

今、函館を発着する特急は「スーパー北斗」だけになってしまったが、まだ特急がなかった昭和30年代前半に道内を走る急行はほとんどが函館を発着点にしていた。その理由は、函館が北海道への入口であり、本州、特に首都圏とは青函連絡船で結ばれていたからである。そして、この布陣は特急時代に入った昭和40年代から50年代、いや国鉄からJR北海道になってからでも変化はなかった。特急と急行のほとんどは函館を発着していた。

北海道に初めて登場した特急

こうした輸送体系の先鞭をつけたのが、北海道初の特急、函館と旭川を結ぶ「おおぞら」だった。全国に特急網を広げるきっかけになった昭和36年10月1日、後に「さん・ろく・とお」と呼ばれるようになった時刻大改正で誕生した。函館～札幌間を、通称〝山線〟と呼ばれる函館本線経由でなく、長万部《おしゃまんべ》から室蘭本線に入り、千歳線を経由した。

ダイヤは、下り「おおぞら」が函館発4時55分、東室蘭着7時40分、同42分発、札幌着9時25分、同9時28分発、旭川着11時25分で、所要時間は6時間30分。上り「おおぞら」のダイヤは旭川発17時30分、札幌着19時25分、同30分発、東室蘭着21時11分、同13分発、函館着24時ちょうどだった。所要時間は下りと同じ6時間30分である。函館〜旭川間の距離は455・5㎞だから、表定速度は時速70・7㎞になる。この時代としてはかなりのスピードランナーである。

が、それより気になるのはそのダイヤ設定である。函館を早朝に出るというのは特急の発車時刻としてはいかにも早すぎる。また真夜中の24時に着くというのも普通じゃない。なぜこんな設定がなされたかというと、先に述べたように、青函連絡船との接続を優先したからである。ちなみに、下り「おおぞら」は青森を0時10分に出て函館に4時35分に着く1便と、上り「おおぞら」は函館を0時15分に出て青森に4時45分に着く2便とアクセスしていた。そしてさらに、このダイヤは　下りは上野を13時30分に発って青森に23時55分に着く特急「はつかり」に、上りは青森発5時5分、上野着15時35分の「はつかり」にぴたりと接続した。つまり、「おおぞら」は上野〜札幌・旭川間の連絡特急として位置づけられていたのである。上野〜札幌間の所要時間は下りが19時間55分、上りが20時間5分である。日本航空と全日空の便数が計12・5本(うち1本は月曜休航)、運賃が1万1700円という時代にあって、国鉄を利用すると上野〜札幌間の運賃が2100円、特急料金が上野〜青森間と函館〜札幌間に特別料金が適用されて2等が1100円、1等が2640

円、連絡船の運賃が2等が290円、1等が580円で、仮にすべて2等を利用すると上野から札幌まで3490円だった。ざっと航空運賃の3分の1である。かたや羽田〜千歳間はプロペラ機でも2時間30〜40分、「おおぞら」の2日にまたがる行程を勘案すると、これが安上がりかどうかは一概にいえないが、まあ利用しやすい値段ではあった。

函館と釧路を結んだロングラン特急

「おおぞら」は10両編成から始まった。2号車の1等車と3号車の食堂車を除く8両が2等車だった。これは利用しやすいということで利用者にはおおむね好評だった。そして、1年後の昭和37年10月1日からは11両編成になり、昭和39（1964）年10月1日からは12両に増えた。1等車と2等車が1両ずつ増えた。この間、昭和37年の改正では、滝川から根室本線に入って釧路を目指す車両が併結されている。1号車から6号車までの6両が釧路行きだった。また、昭和39年の改正では新たに函館〜網走・釧路間の特急「おおとり」が新設された。「おおぞら」に続く、北海道で2番目に投入された特急である。つまりは、道南、道央から道東に向かう列車の需要がそれだけ高かったということである。

キハ82系特急「おおぞら」運転開始初日に札幌駅で行われた出発式。当初は函館～旭川間の運転で、この後旭川駅に向けて発車していった。
1961.10.1　函館本線札幌駅

最初に投入された車両は、同時にデビューした「つばさ」などと同じキハ82系だった。これが「おおぞら」の人気を支える大きな役割を果たしたことは間違いない。それまで、北海道では客車列車が当たり前で、ベージュに赤い帯を巻いた気動車はその乗り心地と相まって、ことのほか新鮮に見えたのだった。以後、キハ82系は昭和61（１９８６）年10月31日までの長期にわたって活躍することになる。

輸送体系の変動に合わせて札幌発着になる

ここからの「おおぞら」の軌跡をたどってみよう。

まず、昭和45（１９７０）年10月1日の時刻改正で、「おおとり」2往復のうち釧路発着を統合して2往復になった。続いて、昭和47（1972）年3月15日からは「北斗」の1往復が統合されて3往復になる。

昭和55（1980）年2月10日、ほぼ20年ぶりに車両がキハ183系に更新された。山岳区間に強い気動車のエースとして開発された特急型車両で、編成は10両になった。直後の10月1日の時刻改正では、3往復のうち5号と4号が不定期になったうえ札幌～釧路間に短縮された。

そして迎えた昭和56年10月1日、待望久しかった道央と道東を短絡する新線、石勝《せきしょう》線が開通、道東を目指す優等列車もすべてこの新線を経由するようになった。札幌～釧路間は最大で68分も短縮された。ただ、この改正では函館～釧路間の2往復が1往復に減らされ、逆に札幌～釧路間が1往復から2往復に増やされた。もうこの頃には、すべての列車が函館起点ではなく、札幌起点に軸足が移っており、残った「おおぞら3号」のダイヤも登場当初のそれとはまったく異なるものになっていた。3号の函館発は9時40分だった。

「おおぞら」の変遷はなお続く。昭和60（1985）年3月14日には函館～釧路間の「おおぞら7号」「おおぞら4号」が9両と編成が短くなり、札幌～釧路間の「おおぞら」3往復は7両になった。このうちの1本は、それまで夜行急行だった「まりも」を統合したものである。そしてついに、昭和61年11月1日、昭和36年10月1日以来の歴史を紡いできた函館発着の「おおぞら」が廃止されて札幌発着に統一されてしまった。その代わり、本数は13往復と飛躍的に増えた。このうち下りの9号と上りの6号は途中千歳空港（現・南千歳）と帯広にだけ停車するという俊足ランナーで、札幌～釧路間をそれぞれ4時間29分、4時間55分で結んだ。

そして、時代は平成に入る。平成9年3月22日、伝統を誇る「おおぞら」に一大変革の時が訪れた。7往復のうち4往復に新型車両の気動車キハ283系が投入されて「スーパーおおぞら」として再出発を飾ったのである。残った「おおぞら」も4年後の平成13年7月1日の時刻改正ですべて283系「スーパーおおぞら」に統一された。

以来今日に至るまで、細かな変動はあったものの、「スーパーおおぞら」は、現在は6往復が道東の大地を蹴って走り続けている。

「おおぞら」は北海道の特急第1号として誕生したが、その歩みをたどってみると、鉄道が時代とともに歩み、変動してゆく様が凝縮されているようで、なんというか北海道の鉄道を象徴しているように思えてならない。鉄道が時代を映す鏡であることを実感させられる。

第7章 山脈を貫き、首都圏と新潟を結んで大車輪

特急「とき」

昭和37（1962）年6月10日〜昭和57（1982）年11月14日

上越線が開通するまで新潟は遠かった

その昔、東京から見て新潟は遠かった。新潟から見ても東京は遠かった。いや、これは徒歩に頼るしかなかった江戸時代の話ではない。明治に入って全国各地に鉄道が通じてからでも遠かったのである。なぜなら、群馬県と新潟県の境界を成す三国山脈がでんと立ちはだかって、鉄道を通すことを許さなかったからである。ここに全長9702m、当時日本最長の清水トンネルが開通、高崎〜宮内間の上越線が開業して列車が通ることができるようになったのは、昭和6（1931）年9月1日のことである。日本に初めて鉄道が通じてから59年の歳月が流れていた。

それまで、新潟に行くには上野から高崎までを東北本線・高崎線上を走り、ここから信

越本線を経由しなくてはならなかった。かなりの遠回りである。後年、磐越西線が開業して東北本線郡山から新津経由で新潟に向かうこともできるようになったが、それでもかなりの迂回を強いられた。

それが、上越線が全通、早速上野～新潟・秋田間に急行列車が設定されて新潟は急に近くなった。この急行は上野～新潟間を7時間10分で結んだ。

今、上越新幹線「とき」３１１号は東京～新潟間をわずか1時間37分で結ぶ。おそらく、新潟を、東京を遠いと思う人はもういないだろう。

上越新幹線が開通するまで、上越線で上野と新潟を結んで大車輪の活躍をしたのが、初期には急行「佐渡」、次いで登場した特急「とき」と急行「弥彦」だった。上越線特急「とき」は上越新幹線の速達型特急「あさひ」と、各駅停車の「とき」に道を譲る前の20年間、上越路のエースとして君臨した。

新潟駅で賑やかに行われた出発式

「とき」は、信越本線長岡～新潟間の電化が完成して上野～新潟間の全線が電化されたのと同時に、昭和37年6月10日に誕生した。この愛称が佐渡でのみ生息が確認されていたトキにちなむものであることはいうまでもない。ヘッドマークには、「とき」のほか「朱鷺」「TOKI」の文字も添えられていた。

この日の新潟日報は、「喜び乗せ『とき』発車」との見出しをつけ、新潟駅ホームのきれいに飾り立てられた上りの「とき」の前で行われた出発式の模様を興奮気味に伝えた。この日はあいにくの雨だったが、500人もの観衆が見守るなか、式は8時20分に始まり、まず運転士と車掌に花束が渡された。次いで同30分、発車のベルが鳴り終わると国鉄総裁代理がテープにハサミを入れ、新潟県知事がクス玉を割って中からハトが飛び出したところで「とき」は発車した。

記事によると、この一番列車の乗車率は、1等が69%、2等は94%で、これは予想をかなり超えていたという。「とき」はまずは上々の滑り出しを見せた。

「とき」の所要時間は、上下とも4時間40分だった。ダイヤは、下りが上野発16時50分、新潟着21時30分、上りが新潟発8時30分、上野着13時10分で、下り上りとも程のよい時間設定だとして利用者には好評だった。

車両は、「こだま型」こと151系に勾配区間に備えて抑速ブレーキと耐寒耐雪対策を施した161系が充当され、編成は9両だった。乗り心地もよく快適、名だたる山岳路線を快走する姿に、苦しい旅路を強いられたその昔を重ね合わせて感慨にふける人が多かったという。ただ、151系「こだま」に装備されていたラジオと電話設備は設置されていなかった。東海道本線の「こだま」と同じ型の電車がやってくるというので、新潟県の人にはことのほか喜ばれたという。

少しずつ成長を重ねて5往復に

特急「とき」はその後順調に成長した。そして、昭和40（1965）年3月20日からは2往復になるとともに、151系と161系を改造するなどして、さらに出力をアップした181系に置き換えられた。この時の列車名は「第1とき」「第2とき」だった。

「とき」の快進撃はまだ続く。2往復化されてわずか1年半後の10月1日にはさらに1往復増発されて「第3とき」が仲間入りした。もうこの頃には10両編成になっており、内訳は1等が2両、2等が7両、中間の4号車は食堂車だった。まさに上越路のエースにふさわしい貫録を備えていたのである。

そして迎えた「よん・さん・とお」の時刻改正時には不定期ながら2往復が組み込まれて5往復になった。そして、このうちの定期の下り「とき5号」と上りの「とき1号」は

除雪作業のなか越後湯沢駅に進入する181系特急「とき」。
1974.1.22　上越線越後湯沢駅

東京駅を発着するようになった。所要時間は下り4時間、上り4時間5分だったが、下り「とき5号」だけは東京〜新潟間を3時間57分、上野〜新潟間を3時間55分で走った。

なお、この時の改正では先輩格の急行「佐渡」も8往復設定されていた。このことはとりもなおさず、上越線を利用する人がそれだけ多かったことを物語っている。

14往復にまで成長した後上越新幹線の開業で廃止

「とき」の快進撃はさらに続く。昭和45（1970）年10月1日の改正で6往復に増発され、2年後の昭和47（1972）年3月15日改正では7往復、さらに同年10月2日からは一気に10

往復になるとともに「エル特急」に指定された。エル特急というのは、自由席があって運行本数が多く、決まった時分に発車する特急に与えられた栄誉ある称号である。

その後も「とき」はさらに勢力を伸ばし、翌48年10月１日からは13往復、昭和が50年代に入った53（１９７８）年10月２日の改正でさらに１往復増えて14往復になった。ほぼ１時間に１本という大編隊になったのである。

しかし、「とき」はすでにこの時に絶頂に達していた。

というのは、昭和46年12月９日から始まった上越新幹線の工事が大詰めを迎えつつあったからである。オイルショックの影響、中山トンネルの思わぬ出水事故、大清水《だいしみず》トンネルの火災事故などがあって工事は大幅に遅れていたが、ついに昭和57（１９８２）年11月15日に開業した。そして、速達型の「あさひ」が11往復、各駅に停まる「とき」が10往復も設定され、最速の「あさひ」が上野～新潟間を１時間45分で結ぶようになると、もはや上越線「とき」の出る幕はどこにも用意されていなかった。

上越新幹線開業の前日、「とき」は惜しまれながら上越線から消えていった。

なお、昭和49（１９７４）年12月には新製の１８３系１０００番台が投入され、一部の列車が１８１系から１８３系に置き換わった。

第8章 まさに〝国民の足〟として定着した夢の乗り物

新幹線超特急「ひかり」 昭和39（1964）年10月1日～
新幹線特急「こだま」 昭和39年10月1日～
新幹線特急「のぞみ」 平成4（1992）年3月14日～

華やかだった出発式と厳かな開業式

東京オリンピックを9日後に控えた昭和39年10月1日、東海道新幹線が開業の日を迎え、午前5時45分、東京駅9番ホームの一番列車「ひかり1号」の前で出発式が行われた。ホームは紅白のモールやくす玉で飾り立てられ、ブラスバンドがマーチを吹奏するなか、東《あずま》東京都知事が左藤《さとう》大阪府知事、中馬《ちゅうま》大阪市長に宛てたメッセージを朗読、これを井上車掌に託した後、都内の小学生が石田禮助第5代国鉄総裁、山本運転士ら4人に花束を贈呈した。次いで、発車のベルが鳴ると石田総裁がテープカットを行い、満員の客を乗せた午

東海道新幹線「ひかり」初列車のテープカットを行う石田禮助国鉄総裁。
1964.10.1　東海道新幹線東京駅

前6時発の「ひかり1号」は「汽笛一声……」のメロディとともに静かにホームを離れた。出発式は新大阪その他の停車駅でも行われた。

本来、この儀式には東海道新幹線生みの親の十河信二前総裁が参列するはずであった。にもかかわらず、十河がこのハレの場にいなかったのは、すでに総裁の座を去っていたからである。表向きは任期を全うしたことになっていたが、実際は工事費が予算を大幅に超過したことと、前年5月3日、常磐線の三河島駅構内で起きた列車の多重衝突事故で大勢の死傷者が出たことの責任を問われて再任されなかったからであった。

この後、東京駅前の国鉄本社で、天皇（昭和）、皇后両陛下を招いて10時から開業式が行われた。これには十河前総裁も参列していたが、天皇はここで「日本国有鉄道の東海道新幹線が幾多の困難にうちかって、見事に完成し、本日、その開業式を迎えるに至ったことは、私の深く多とするところであります」「わが国の鉄道は、近年著しい発達を遂げ、国民生活の向上と産業、経済の発展に多大の貢献をしてきましたが、関係者は、今後更に力を合わせ、輸送力の充実と安全の確保に努め、その使命を達成するよう希望します」と祝辞を述べた。これに対して石田総裁は「おことばを体して、われわれ四十五万の国鉄職員は一致協力、今後いっそう努力いたします」と答礼した。

3万6000人を超える人が利用した初日

こうして、国民が待望した東海道新幹線は運行を開始した。

列車は、途中名古屋と京都だけに停車する速達型の超特急「ひかり」と各駅に停車する特急「こだま」が設定された。このうち区間列車を除く直通列車は「ひかり」が14往復、「こだま」が12往復だった。「ひかり」の所要時間は4時間、「こだま」は5時間だった。

編成は「ひかり」「こだま」とも12両。新大阪に向かって前から2等車が6両、1等車が2両、2等車が4両で、5号車と9号車の半分はスタンド式のビュフェになっていた。東京と大阪2都間が日帰り圏に入ったことで、本格的な食堂は配置されなかったのである。

1等車の座席配置は2＋2人の4人掛けで、これは在来線の2等車と同じだったが、2等車は2＋3人の5人掛けだった。軌間が標準軌（1435㎜）に広がった分、車体幅も広がったからである。とはいえ、窮屈感は否めなかった。座席は、「ひかり」「こだま」とも全席指定だった。なお、この日「ひかり」「こだま」の利用客は合わせて3万6128人に達した。大盛況だった。

列車の愛称は計画になかった！

余談になるが、国鉄は新幹線の列車に愛称をつけることを考えていなかった。単に、1列車、2列車と列車番号で呼ぶことが決められていた。ところが、「単に列車番号だけでは味気ない。国際的にも注目されているのでぜひ愛称をつけてほしい」との世論が高まり、開業直前になってあわてて国民から愛称を募集するという一幕があった。公募の結果、「ひかり」が1万9845票を得て確定、「こだま」は10位だったが、「ひかり＝光」が光速の象徴、「こだま＝木魂《こだま》」は音速の象徴と解釈されて選ばれた。

それはさておき、国民の期待にたがわず、東海道新幹線のその後の躍進は目覚ましかった。そして、早くも開業から170日目にあたる昭和40年3月19日、輸送人員が1000万人を突破した。次いで、同年10月1日の時刻改正で「ひかり」が20往復、「こだま」が23往復に増やされるとともに、11月1日には路盤が安定したことが確認されて所期の計画どおり、「ひかり」が3時間10分、「こだま」が4時間運転になった。

「ひかり」が躍進した昭和40、50年代

東海道新幹線の躍進はまだ続く。

昭和42（1967）年7月13日には輸送人員が1億人を数え、さらに昭和44（1969）年3月1日には2億人を突破した。世界で初めて時速200㎞を突破した東海道新幹線は、もはや完全に国民の暮らしの中に溶け込んだ。

そして、昭和45年を迎える。この年、大阪・千里丘で3月14日から9月12日まで開催された日本万国博覧会（万博）では延べ1000万人もの観客を輸送して気を吐いた。会期中の7月2日には輸送人員が3億人を突破した。この頃、国鉄は昭和39年度に財政が赤字に転落して以来、債務は雪だるま式に膨らみ続けていたが、新幹線だけは順風満帆だった。

なお、万博開催に合わせて「ひかり」が12両から16両編成になった。

昭和47（１９７２）年３月15日、山陽新幹線新大阪～岡山間が暫定開業、「ひかり」「こだま」はともに山陽新幹線に乗り入れた。東京～岡山間を直通する「ひかり」が４往復設定され、このうちの最速列車は４時間10分で走破した。この列車は新大阪以西は無停車、「W《ダブリュ》ひかり」と呼ばれた。

山陽新幹線はこの後、昭和50（１９７５）年３月10日、博多へと延伸して全通した。「Wひかり」も８往復が博多へと足を延ばすようになり、最速列車は６時間56分で駆け抜けた。もうこの時代になると、「ひかり」の種類も多様化しており、このために「ひかり」が「ひかり」を追い越すといった現象も見られるようになった。

開業後初めて新型の一部２階建て１００系を投入

昭和50年代に入ると、国鉄の累積赤字が７兆円にも迫ったことから、その抜本的な解決が求められるようになった。しかし、その解決策をなんら見出されぬまま赤字は肥大化、ついには分割・民営化が叫ばれるようになった。

そんななか、昭和60（１９８５）年10月１日、それまで０系だけで運営されてきた東海道・山陽新幹線史上初めて、「ひかり」に新型の100系が投入された。100系は0系「ひかり」同様16両編成だったが、中間の8号車と9号車に2階建て車両が組み込まれたという点で一つの画期を刻した。2階建て車は1両が食堂、もう1両がグリーン車だった。「静かで落ち着ける空間」「確保できるプライバシー」をコンセプトに開発された車両で、特にグリーン車の1両には1階に個室が設けられていた。100系による「ひかり」は当初、1往復からスタートした。所要時間は0系「ひかり」とほとんど変化はなかった。もう一つ、100系の大きな特色を挙げると、普通車の3人掛けの座席が回転できるように改善されたことだった。100系はその後、JR西日本が中間に2階建て車を4両組み込んだ車両を開発、人気を博した。

「のぞみ」が登場して運行体系が変わった

国鉄は、昭和62(1987)年3月31日を限りに終焉した。東海道新幹線は新しく発足したJR東海が、山陽新幹線はJR西日本が承継した。

新会社に変わっても、もちろん「ひかり」「こだま」は疾走した。だが、この後「ひかり」に異変が生じた。JR東海が、発足して5年後の平成4年3月14日の時刻改正から新形式

東京〜新大阪間2時間30分を達成した300系「のぞみ301号」の出発式。
1992.3.14　東海道新幹線東京駅

の３００系を投入、新たに「ひかり」の上位にあたる「のぞみ」を2往復投入したのである。このうちの下り「のぞみ３０１号」は新横浜を出ると新大阪まで無停車で突っ走った。所要時間はなんと2時間半！　１００系を50km も上回る最高時速２７０kmという韋駄天ぶりに国民は度肝を抜かれた。

面白いエピソードが残されている。初日、JR東海の本社がある名古屋駅に大勢の人が押しかけたが、同社初代社長の須田寛は7時3分に到着した上りの「のぞみ３０２号」の出発式には臨んだが、その37分後に下り「のぞみ３０１号」が通過する時にはその姿はなかった。「通過列車を見送るなんて例がありませんから」というのがその理由だった。ただ、下り１本だけとはいえ「のぞみ」が肝心の名古屋を通過することには、名古屋の政界と財界から抗議の声が上がり、超党派の国会議員が釈明を求める事態にまで発展した。結局、次の時刻改正時には名古屋にも停車することになって一件落着した。

＊

2往復からスタートした「のぞみ」はその後本数を増やし、ついには「ひかり」を凌駕するまでになった。その経緯をつぶさにたどる暇《いとま》がないので割愛するが、今では定期だけで1時間あたり「のぞみ」6本（不定期を入れると約10本）、「ひかり」2本、「こだま」2本という運行体系になっている。これが、令和2（2020）年3月には「のぞみ」はさらに増えて1時間に12本になるという。

「ひかり」がここまで凋落したというのは時代のなせる業なのだろうか。なお、東海道・山陽新幹線に一時代を画した300系、その後JR西日本が生み出した最高時速300㎞という500系も、700系が登場するとあっという間に衰退、今ではその700系もN700系に主役の座を譲り、これがさらにN700Aに進展、令和2（2020）年7月にはN700Sが登場することになっている。その盛衰の激しさには戸惑いを覚えるばかりである。

第９章　北海道への憧憬を抱かせてくれた

特急「はくつる」　昭和39（1964）年10月1日～平成14（2002）年11月30日
特急「ゆうづる」　昭和40（1965）年10月1日～平成5（1993）年11月30日

北海道連絡特急として誕生した「はくつる」

「はくつる」と「ゆうづる」は、その愛称からも類推できるように姉妹列車だった。ともに上野と青森を結ぶ夜行寝台特急だった。一つ違いがあったのは、「はくつる」が全線東北本線上を走ったのに対して、「ゆうづる」は常磐線を経由したことだった。

「はくつる」は昭和39年10月１日、東海道新幹線が開業したのと同じ日に誕生した。それまで上野～青森間を結ぶ特急といえば、「はつかり」の１往復しかなかったから、６年ぶりに登場した特急だった。「はつかり」同様、青函連絡船と接続して北海道に渡る客層を強く意識していた。

和服姿の女性らに見送られて上野駅を後にする寝台特急「はくつる」の初列車。東北本線上野駅

ダイヤは、下りは上野発18時30分、青森には翌朝6時10分に到着、20分の乗り換え時間があり、6時30分発の青函連絡船で渡道、函館でやはり20分の待ち合わせで、釧路・網走行き特急「おおとり」に乗り継ぐと札幌には15時15分に着くことができた。この時代としてはほぼ理想的なダイヤ設定だったといえよう。上りは青森発22時40分、上野着翌日10時20分だった。こちらも「おおとり」、青函連絡船とうまく接続していた。ちなみに下り上野〜青森間の所要時間は11時間40分、同札幌間のそれは20時間45分である。この「おおとり」とのコンビは以後長く続くことになる。

編成は電源・荷物車と食堂車を入れて11

両、１号車の１等寝台車以外は２等寝台車が６両、２等座席車が２両だった。車両は九州特急「あさかぜ」でデビューした20系が充当された（**第４部第１章参照**）。運行が始まると、北海道への接続がいいこと、人気の高い20系とあって大好評だった。

１歳違いの年子として誕生した「ゆうづる」

一方、「ゆうづる」は１年遅れて昭和40年10月１日に登場した。「はくつる」が北海道との連絡を重視したのに対して、こちらはむしろ東北地方に重点が置かれていた。

ダイヤは、下りが上野発21時30分、青森着翌日９時５分、上りが青森発21時15分、上野着翌日９時25分で、所要時間は下りが11時間35分、上りのそれは12時間10分である。

車両は「はくつる」と同じ20系、編成も「はくつる」とともに13両になった。

３年後の昭和43（１９６８）年10月１日、「よん・さん・とお」と喧伝された白紙大改正、これは東北本線が全線にわたって電化・複線化が完成したのを受けての改正だったが、この改正で、「ゆうづる」は２往復になり、このうち、下りの「ゆうづる１号」と上りの「ゆうづる２号」は新型の５８３系電車に衣替えした（常磐線は前年の42年８月20日にすでに全線が電化されていた）。また、「はくつる」も５８３系に置き換わった。しかも、「ゆう

盛岡駅で並んだ20系「ゆうづる」（左）と583系「はつかり」

づる1号」「ゆうづる2号」は上下とも北海道連絡ダイヤが組まれて、「はくつる」との役割分担にも終止符が打たれた。

「ゆうづる1号」のダイヤは下りが上野発19時30分、青森着翌朝5時で20分の乗り換え時間で連絡船に接続。「ゆうづる2号」の下りは上野発23時、青森着翌日9時35分で、こちらも25分で青函連絡船に接続していた。上りもほぼ同様だった。

「ゆうづる」の栄枯盛衰は激しかった

昭和47（1972）年3月15日からは3往復、同年10月2日には1往復増発されて4往復、昭和50（1975）年3月10日からは7往復と躍進する。このうち、3往復は電車、4往復は客車だった（客車は翌51年に24系に置き換えられた）。この背景には、波はあったにせよ、日本経済が高度成長を続けていたことがある。経済が好調だと、国民の移動も活発になるからである。ただ、この間もなぜか「はくつる」は1往復のまま据え置かれた。

けれども、「ゆうづる」の躍進もここまでだった。昭和55（1980）年10月1日には下りの「ゆうづる3号」と「ゆうづる9号」（昭和53〈1978〉年10月2日から号数番号が下りは奇数、上りが偶数と分けられた）、上りの「ゆうづる4号」「ゆうづる14号」が季節列車に降格になった。

ところで、昭和50年代は、国鉄が巨額の累積赤字に喘ぎ、労働組合との対立も深まり、また自動車も暮らしに根づくとともに、航空網が全国に広がりを見せていた時代である。そして国民の鉄道離れが進み、後半からは分割・民営化も取りざたされるようになった。

このような趨勢を前にして、特急も無縁ではいられない。ただ、「はくつる」はこんな時期に、なんと1往復増発されて2往復になった。昭和57（1982）年11月15日のことである。と、こう書くと聞こえはいいが、なんのことはない、すでに5往復になっていた「ゆうづる」の季節列車分1往復が東北本線経由、つまり「はくつる」になっただけの話である。

晩年の命運が分かれた「はくつる」と「ゆうづる」

「ゆうづる」の凋落はまだ続く。昭和が60年代に入ったすぐの3月14日、すでに4往復にまで数を減じていたうち、また1往復廃止されたのである。続く昭和61（1986）年11月1日の時刻改正ではまた1往復、下り「ゆうづる3号」と上り「ゆうづる2号」が季節列車に降格されて初期の2往復に戻されてしまった。

こうした「ゆうづる」の盛衰を見ていると、最初は小さかった波がいつか大波になり、また引いてゆく、そんな大海原の波の寄せ返しを眺めているような感慨を覚える。ただ、「はくつる」は違った。波の波動も小さかったが、終始あまり変動がないまま1～2往復体制を守り通した。

そして、国鉄からJR東日本に変わっておよそ6年半が流れた平成5年11月30日、「ゆうづる」は夜行列車の統合・廃止が進められるなか、定期列車としての運行に終止符を打った。「はくつる」はさらに生き延びて、平成14年11月30日まで走り続けた。年子の姉妹列車として誕生した「はくつる」と「ゆうづる」ではあったが、その生涯は終始地味な存在であり続けた「はくつる」がより長く生存することになった。人間に例えると、姉の「はくつる」は38歳、妹の「ゆうづる」は28歳だった。

第5部

成熟に向かう日本を支えた高度経済成長期

第1章 信州へのメッセンジャーと名物駅弁

特急「あさま」 昭和41（1966）年10月1日～平成9（1997）9月30日

碓氷峠の風物「峠の釜めし」が消えた

上野駅を発車した特急「あさま」が横川駅に到着。と、乗客が一斉にホームに降り立ち、きょろきょろと前後左右を見回す。ホームには駅弁の売り子が数人待機しており、走り寄った乗客は、先を争って弁当を買い求めた。お目当ては、駅前に店を構えるおぎのやの「峠の釜めし」である。

平成9年10月1日に北陸新幹線（開業当時は長野行新幹線と表記された）東京～長野間が開業するまで、久しくここ横川で毎日朝から晩まで見かけられた光景だった。

けれども、新幹線の「あさま」が走り始めた瞬間、信越本線の旅情豊かな風物詩ともいえたこの光景は煙のように消え去った。

いつの時代も変わらないが、鉄道は常に新陳代謝を繰り返しながら進化する。すると、それまでの鉄道独特の風俗や風物、さらには旅情までもがたちまち過去のものとなり、あとは思い出として人々の記憶に刻まれる。そして、つぶやく。「いやー、あの頃はよかったなー」と……。

横川駅でこういう光景が繰り広げられたのは、列車の停車時間が長かったからである。行く手に、高低差５００ｍを超える峻険な碓氷峠が立ちはだかり、どうあってもここで補機として電気機関車を連結しなければならなかった。それも、重厚なＥＦ63形が２両連結で。その連結のための時間が必要で、特急といえども数分の停車を余儀なくされた。

まず2往復から出発した特急「あさま」

上野と長野を結ぶ信越本線特急「あさま」は、昭和41年10月１日の時刻改正で誕生した。２往復が設定された。愛称としての「あさま」はそれ以前、小諸と新潟を結ぶ気動車準急として存在したから、愛称としては２代目、２階級特進ということになる。この２代目「あさま」は公募によって決められた。この愛称はもちろん浅間山に由来する。

ダイヤは、下り「第１あさま」が上野発９時30分、長野着13時ちょうど、「第２あさま」が上野発13時30分、長野着17時ちょうどで、所要時間はともに３時間30分だった。上りは

上野駅14番線ホームで行われた181系特急「あさま」の出発式。
1966.10.1　東北本線上野駅

「第1あさま」が長野発7時45分、上野着11時20分、「第2あさま」が長野発14時35分、上野着18時10分で、所要時間はいずれも3時間35分だった。それまで、信越本線に唯一投入されていた上野発大阪行き特急「白鳥」が上野～長野間を3時間30分で走っていたから、所要時間にさして変化はなかった。

「あさま」の編成は8両だった。長野に向かって2等指定席、1等指定席2両、2等指定席5両で、自由席は組み込まれなかった。8両編成ながら1等車が2両組み込まれるなど、「あさま」はちょっと気取った列車だったのである。

食堂車も連結されなかった。乗車時間が短いから必要ないとでも国鉄は考えたのだろうか、それとも乗客はおそらく中間の横川駅で峠の釜めしを買うのだからと考えたからだろうか。けれども、これは利用客には不評だった。

使用された車両は山岳区間に強い１８１系だった。８両と少なかったのは、横川〜軽井沢間の碓氷峠を自力では走行できず、機関車が推進・牽引するために編成両数が制限されたからである。

直江津発着の「あさま」が1往復設定された

その後、「あさま」は順調に育つ。

昭和43（１９６８）年10月１日の「よん・さん・とお」改正で１往復増発されて３往復になった。この改正で、呼称が「第１あさま」〜「第３あさま」から「あさま１号」〜「あさま３号」になった。そして、このうちの「あさま３号」は東京発着になり、直江津にまで足を延ばした。この「あさま３号」のダイヤは下りが東京発16時40分、上野発16時47分、長野着が19時50分、直江津着が21時５分着というものだった。

このダイヤから読み取れることは、所要時間の大幅な短縮である。東京〜長野間が３時間10分。上野からだと３時間３分である。東京〜直江津間が４時間25分。日本海がぐんと近づいた。この時間短縮は利用客には大いに喜ばれた。

長野行新幹線が開通して後進に道を譲る

「あさま」の次の転機は昭和47（1972）3月15日に訪れた。この日、山陽新幹線が岡山まで暫定開業したが、この改正は日本列島の時間距離がますます短くなってきたことを国民に如実に実感させるものとなった。この日から、「あさま」は5往復になった。

「あさま」の進化はなお続く。この後の動きを時系列でたどると、

昭和48（1973）年10月1日　6往復
昭和50（1975）年3月10日　8往復
昭和53（1978）年10月2日　10往復
昭和57（1982）年11月15日　13往復
昭和60（1985）年3月14日　15往復（「白山」の2往復を吸収）

となる。そして、国鉄最後の時刻改正になった昭和61年11月1日にはついに17往復へと躍進した。このことは取りも直さず、「あさま」がそれだけビジネスに観光に利用されて、休むことなく走り続けてきたことを物語っている。なにしろ、信州こと長野県は「日本の故郷《ふるさと》」を標榜する県である。首都圏の人にとって、「あさま」はこうした人々を快適に運ぶ、まさに「メッセンジャー」だったのである。

以後、平成に入ってからの9年を「あさま」はほぼこの体制で走り、最後は19往復にまで躍進した。

なお、この間の昭和50年10月1日の改正からは電気機関車との協調運転が可能な189系電車に置き換えられた。当初は10両編成で運転されたが、昭和53年10月には、計画どおりの12両編成での運転が実現した。なお、上野～金沢間の特急「白山」には、489系交直流電車が使用されており、食堂車が連結されていた時期もあった。489系は、一部の「あさま」にも使用されたが、食堂車は営業されなかった。

けれど……。「あさま」の栄華もここまでだった。凋落は闇夜の嵐のようにやってきた。

平成9年10月1日、長野行新幹線が開業すると、その前日に潮が引くように、全列車が廃止されてしまった。長年親しまれた「あさま」の愛称がそのまま新幹線の列車に引き継がれたのがせめてものはなむけであった。

栄枯盛衰は世の習い、栄光は永久に続かないことは誰もがわかっている。でもやはり、いざ、となると寂しい。これまで「あさま」を愛してきた人にとって切なく哀しい別れであった。そして、横川～軽井沢間も廃止されて信越本線は寸断され、横川駅の鉄道風俗もまた消えた。ただ、峠の釜めしは駅前のおぎのやや軽井沢駅などで今でも売られている。

第2章　信濃路のシンボルは歌謡曲になった

特急「あずさ」

昭和41（1966）年12月12日〜

進化を続けてきたアルプス特急

特急「あずさ」が走る中央本線は、塩尻を境に通称中央東線と中央西線に画然と分かれる。いずれも開業当初の線名だが、後に統合されて中央本線になった。だが、その後も慣例的に中央東線、中央西線と昔の呼称で呼ぶ人も多く、それは現在も続いている。その理由は、塩尻を境に列車の運行形態がまるで別線のように変化するからである。今も昔も、一部の臨時列車を除いて東線の列車が西線に入ることはほとんどなく、その逆もまたほとんどない。そして、両線の拠点駅は塩尻ではなく、なんと篠ノ井線の松本である。しかも、東線はＪＲ東日本、西線はＪＲ東海と帰属する会社も異なる。

特急「あずさ」もまた、塩尻から篠ノ井線に入り、松本（下り１本のみ南小谷《みなみおたり》）を目指す。現在その本数は定期だけで18往復、これに多客期には不定期列車も多数投入されるなど、文字どおり中央東線の顔として大車輪の活躍をしている。このことは、沿線住民だけでなく、ビジネス、観光や行楽、さらにはトレッキング、登山などで利用する人がそれだけ多いことを示している。

なお、「あずさ」はこれまで、Ｅ２５７系「あずさ」とＥ３５１系「スーパーあずさ」に分けて運行されてきたが、「スーパーあずさ」の４往復について平成29（２０１７）年12月23日から新型のＥ３５３系への置き換えが始まり、翌30年３月17日に完了。その後、Ｅ３５３系はそれまでのＥ２５７系「あずさ」にも進出、平成31年３月16日からは定期列車のすべてがＥ３５３系による運行になり、「スーパーあずさ」もすべて「あずさ」に愛称統一された。新宿〜松本間の距離は２２５・１㎞、現在、この間を「あずさ」は２時間30分前後（一部２時間53分）で結ぶ。

下り一番列車が衝突事故を起こす

「あずさ」は昭和41年12月12日、１日２往復からその歴史を刻み始めた。「第１あずさ」「第２あずさ」と名づけられ、「第１あずさ」の下りは新宿を８時ちょうどに発車、松本に

11時57分に到着、「第2あずさ」は新宿発16時20分、松本着20時18分。所要時間はそれぞれ3時間57分、3時間58分だった。上りは「第1あずさ」が松本発8時ちょうど、新宿着11時55分、「第2あずさ」が松本発15時10分、新宿着19時7分で、所要時間は3時間55分と3時間57分である。つまり、ほぼ4時間の行程だった。投入された車両は「とき」と共通運用の181系、編成は10両で、食堂車を除くと1・2等とも全席指定席だった。

開業の日の松本駅での「第1あずさ」の出発式の模様を信濃毎日新聞は次のように伝えている。

松本で盛大に出発式

午前八時発車をまえに、松本駅構内には、東筑摩本郷村、浅間温泉の若衆たちが浅間火えん太鼓を打ち鳴らし、陸上自衛隊松本駐とん隊がブラスバンドを演奏、ホームを埋めた市民や旅行客ら約五百人が見守るなかで、松本市から小泉長鉄局長、運転士らに花束を贈った。ついで発車寸前に降旗市長がくす玉を落とし、小泉局長が紅白のテープにはさみを入れ赤とクリームのツートンカラーの「こだま」型を改良した十両編成、特急電車がすべり出した。

型通りの出発式だったが、訪れた人が500人という数字が地元の熱気と将来への期待を臨場感豊かに伝えている。群衆のなかに地元の人だけでなく、旅行客までが混じっていたというあたり、いかにも観光都市松本らしい。ただ、この「第1あずさ」の乗客はとなると約300人、乗車率が60％ほどだったというから、これはいささか寂しい。

けれども、この出発式はまあよかった。下りの「第1あずさ」もまた、新宿駅に500～600人が詰めかけて祝賀式が行われたが、あろうことかこの列車が甲府～竜王間の踏切でエンストしていた耕運機に衝突してしまったのである。幸い死傷者はなかったが、前部の制動管が壊れて運転不能になり、やむなく甲府駅まで引き返して、特別に仕立てた急行用車両に乗客を移して発車したという。この時点で列車は1時間17分も遅れていた。さんざんな一番列車であった。

順調に成長した昭和40年代後半

運転初日に事故に見舞われた「あずさ」だったが、その後の評判もあまり芳しいものではなかった。一つには「あずさ」の座席配置がすべて前向きの2人掛けで、まだ利用者がこういう座席配置に不慣れだったからである。グループで旅行することが多かった優等列

189系で運行されていた当時の特急「あずさ」。
1998.5.23　中央東線豊田〜八王子

車では4人掛けのボックス席が喜ばれ、先輩格の急行「アルプス」に客を奪われてがらがらで走ることもあった。

だが、その後は順調に客足を伸ばし、昭和46（1971）年4月26日からは1往復が季節延長運転で大糸線に乗り入れて信濃大町まで足を延ばすようになった。これは北アルプスの登山客や観光客に配慮したものである。幸い、これは評判がよかった。

なお、この間の昭和43（1968）年10月1日に名称の変更が行われ、「第1あずさ」は「あずさ1号」に、「第2あずさ」は「あずさ2号」になった。

「あずさ」はさらに進化する。

昭和47年10月2日の時刻改正からはさらに2往

復増発された。ただし、このなかには甲府発着も含まれていた。また、季節延長運転による大糸線乗り入れは、信濃大町からさらに白馬へと延伸した。

昭和48年10月1日、一部の車両が１８１系から１８３系に更新され、昭和50（１９７５）年12月には１８９系が投入されて１８１系を置き換えた。１８３系は１８１系に次ぐ直流用の特急型車両で、１８９系は機関車との協調運転ができる装置を備えたタイプである。碓氷峠をＥＦ63形電気機関車の力を借りて上下するために、信越本線の「あさま」に投入されたが、続いて、「あずさ」にも使用されるようになった。１８３系、１８９系ともこの時代を代表する特急型車両である。

狩人の『あずさ2号』が大ヒット

昭和52（１９７７）年３月、兄弟デュオ・狩人が歌う『あずさ2号』が世に出た。若い男と女の哀しい別れを歌ったこの歌は、そのメランコリックな歌詞とどこか哀愁を帯びたメロディが若い人の心をがっちりとらえてヒットした。

〽8時ちょうどのあずさ2号で　私は私はあなたから旅立ちます

というフレーズが3回織り込まれて、タイトルとともに「あずさ2号」がこの悲恋の舞台であることを浮き彫りにしたことで、特急「あずさ2号」もまた一躍有名になった。

ところで、この歌は新宿から信濃路へと向かう歌である。なのに、なぜ？　と、疑問を抱かれる人がいるかもしれない。なぜなら、号数番号が偶数の場合は上り列車を意味するからである。じつは、この時代はまだそうなっていなくて、下りも上りも発車順に1号、2号……となっていた。それが下りは奇数、上りは偶数と改められたのは、この歌がヒットして1年半後の昭和53年10月2日の時刻改正からである。8時ちょうど発の「あずさ2号」は「あずさ3号」になった。その意味では、この歌は鉄道史の一齣を彩る貴重な語り部になっているということができよう。

信州のシンボルとして進化を続ける「あずさ」

昭和58（1983）年7月5日、岡谷と塩尻を結ぶ経路に新たに塩尻峠の直下を貫く全長5994mの塩嶺《えんれい》トンネルが開通した。同時に、「あずさ」をはじめ優等列車はすべて短絡ルートであるこちらの塩嶺ルートを経由することになり、所要時間の短縮が図られて2時間49～59分になった。もうこの頃には本数も定期だけで15往復になっていた。さらに昭和61（１９８６）年の11月１日からは急行「アルプス」を吸収するなどして一気に22往復にまで増えた。この後、甲府発着だった列車を「かいじ」として分離するなどの動きを経て、今日に至るまでの長い歴史を刻み続けている。もはや信濃路の一つの風物ともなっている列車である。車両は、平成31（２０１９）年３月16日までの間にE３５３系に置き換わるまで、E３５１系とE２５７系が担い続けた。

ところで、「あずさ」という列車名は名峰槍ヶ岳から発して安曇野を流れる梓川に由来する。この愛称は公募によったものだが、今ではいかにも安曇野を前景に重畳と聳え連なる北アルプスを彷彿させる名称として首都圏に住む人の間にも完全に溶け込んでいる。特急「あずさ」は、これからも「日本の故郷」ともいわれる信州のシンボルとして末永く活躍を続けることだろう。

第3章　九州西側を行き来し、ハネムーンでも大活躍

特急「有明」

昭和42（1967）年10月1日〜

「有明」ほど、栄枯盛衰の激しかった特急もそうはないだろう。最盛期には32往復64本と、本数の上で全国の特急の頂点に立ったが、現在は大牟田〜博多間の上り列車が1本だけ、それも平日のみ運行という、曙光《しょこう》と落日を絵に描いたような特急列車である。誕生から今日に至るまでの軌跡をたどってみよう。

鹿児島本線だけを走る特急の誕生

特急「有明」は昭和42年10月1日の時刻改正で誕生した。鹿児島本線の起点門司港と西鹿児島（現在の鹿児島中央）を結ぶ昼行特急だった。それまで、九州島内だけを走る特急は1本もなかったから、「有明」はそのハシリだった。ダイヤは、下りが門司港発6時50分、博多発8時、熊本発9時51分、西鹿児島には13時15分に着いた。門司港〜西鹿児島間の所

キハ82系でデビューした特急「有明」の出発式。
1967.10.1　鹿児島本線西鹿児島（現・鹿児島中央）

要時間は6時間25分である。上りは西鹿児島発17時、熊本発20時20分、博多発21時55分、門司港着23時20分で、こちらは6時間20分だった。門司港～西鹿児島間の距離は399・5㎞、表定速度は下りが時速62・26㎞、上りが時速63・08㎞、それまでの列車よりもスピードランナーである。

これを見てもわかるように、「有明」は国鉄西部支社が満を持して投入した特急だった。すぐに評判が高まり、指定券の入手、特に休日の指定券を入手するのが困難なほどだった。

編成はキハ82系気動車の7両編成だった。1号車が2等の指定席車、2号車が1等の指定席車、3号車が食堂車で、4号車から7号車は2等車、このうち6・7号車は自由席である。指定券のいらない自由席車には利用客が押し寄せ、立つ人も多かったというから人気のほどが窺える。自由席の人気は高く、上りは定員が124人に対して平均145人もの人が乗車したという。走り始めて9日後の10月10日には220人もが乗車した。また、指定席も平均するとほぼ満席だったという。

初日には、西鹿児島駅で出発式が行われたが、この日が大安吉日だったこともあって新婚旅行客が12組も乗り込んだ。この頃、南九州地方は新婚旅行のメッカになっていたのである。

以後、「有明」は人気列車として定着していくことになる。

鹿児島本線全線電化とともに電車特急になる

昭和45(1970)年9月1日、川尻～鹿児島間を最後に鹿児島本線の全線電化が完成した。そして1カ月後の10月1日に実施された時刻改正で、「有明」も当然ながら電車に装いを改めた。同時に、「有明」は特に需要が高かった博多～西鹿児島間にもう1本追加されて2往復になった。

投入された電車は昼夜兼用の583系。12両を連ねる堂々たる編成である。1・2号車は普通車の指定席、3号車がグリーン車、4・5号車が再び普通車の指定席、6号車が食堂車、7〜9号車が普通車の指定席、そして最後の10〜12号車が普通車の自由席だった。

下り「有明1号」のダイヤは、門司港発7時、博多発8時6分、熊本発9時40分、西鹿児島着12時42分で、門司港〜西鹿児島間の所要時間は5時間42分にまで短縮された。また、博多〜西鹿児島間の「有明3号」は博多発13時10分、西鹿児島着17時51分で、こちらの所要時間は4時間41分。「有明」は九州特急として確固たる地位を築いたのだった。「有明」はこの後、昭和47（1972）年3月15日の時刻改正で博多発着がさらに1本追加されて3往復になった。

時刻改正の度に本数を増やす

「有明」のさらなる躍進の時は昭和50（1975）年3月10日にやってきた。この日は、岡山〜博多間が開通して山陽新幹線が全通、東海道新幹線と接続して東京〜博多間が新幹線で結ばれるという記念すべき日でもあった。この日、「有明」は博多と小倉で新幹線と接続するダイヤが組まれて一気に10往復に増え（うち1往復は臨時）、晴れて「エル特急」を名乗ることになった。発着駅も門司港、博多だけでなく小倉が仲間入りした。この改正では、583系だけでなく交直両用のエース485系も投入され、583系が3往復、485系が7往復という体制になった。ただ、編成は485系は583系より1両少ない11両編成で、指定席車が2両減らされてグリーン車が2両となった。また、1往復は博多～熊本間の運行だった。

それから5年半後の昭和55（1980）年10月1日、「有明」は大きく変貌する。これは博多～熊本間の九州自動車道を走る高速バスとの競合を強いられたための改正で、本数は定期のみの18往復36本（うち1往復は不定期）になった。そのうち、1往復のみが門司港発着で残り8往復は博多発着、9往復が熊本発着になった。九州における鉄道輸送形態が門司港や小倉ではなく、博多に基軸を置く体制に変わったのである。

時は流れて昭和59（1984）年2月1日の時刻改正で、15往復（ほかに不定期が5往復）という布陣になった。本数が減ったうえに1列車の編成が7両に縮小された。同時に、583系に引導が渡され、「有明」での13年余という活躍期間に終止符が打たれた。

国鉄末期に大きく変化

そして、昭和61（1986）年11月1日、この日から実施された国鉄最後の時刻改正で

「有明」は一転して定期だけで25往復という大所帯になった。ただ、その実態はとなると、デビュー当初のそれとはかなり異なっており、別列車とまではいえないが、それまでと比較すると性格の異なる列車になった観があったことは否めない。

まず、編成両数が変化した。14往復が５両（季節によって７両）という編成になり、11往復はなんと３両という短編成になったのだ。１号車がグリーンと普通指定の合造車、２・３号車は普通車の自由席だった。もう一つは、この11往復がすべて博多～熊本間の運行になったことである。昭和61年といえば、国鉄の末期、赤字が累積する一方で、断末魔の叫びを上げていた時期にあたる。短編成化で増発を図った面もあるが、編成のスリム化はこうしたことも反映されていたともいえよう。

そして、国鉄が終焉してＪＲグループ初の時刻改正が昭和63（１９８８）年３月13日に行われると、「有明」も歩調を合わせるように新たなスタートラインに立った。本数が28往復にまで増やされ、うち11往復に「ハイパーサルーン」との愛称を持つ７８３系が投入されたのである。また、門司港～西鹿児島間は１往復のみだったが、博多～西鹿児島間が11往復、博多～熊本間は16往復、このうち博多と西鹿児島を結ぶ下り41号と上り14号は停車駅を少なくした最速列車で、それぞれ４時間６分、同５分にまで短縮された。この２列車は「スーパー有明」と命名された。
783系は、ボディに軽量ステンレスを採用した新型車両で、最高時速120㎞で走行することができた（後に130㎞に上げられた）。編成は5両（博多〜西鹿児島間）と3両（博多〜熊本間）に変わりはなかった。485系と区別するため「ハイパー有明」の愛称がつけられた。

急坂を転がるように衰退した名特急

平成元（1989）年に入る。3月11日の改正で、「有明」は31往復にまで数を伸ばした。このうち783系「ハイパーサルーン」車は18往復にまで増え、翌2年3月10日の改正では最高時速が130㎞に引き上げられた結果、「スーパー有明43号」の博多〜西鹿児島間の所要時間がついに4時間を切って3時間38分になった。

平成16（2004）年3月13日、九州新幹線（鹿児島ルート）が新八代〜鹿児島中央間で暫定開業すると、鹿児島本線特急にも大きな変革の時が訪れた。この時の時刻改正の目玉になったのは「つばめ」で、博多と新八代（一部は門司港・小倉発着）を結ぶ新幹線接続列車「リレーつばめ」と新八代と鹿児島中央を結ぶ新幹線「つばめ」に分割されたのである。「リレーつばめ」は26往復設定された。「有明」は当然大きな影響を受けたが、それでも博多～熊本間、豊肥本線の武蔵塚～肥後大津間に下り16本、上り15本が残った。古参特急の意地と貫録を見せつけた感があった。

けれど、「有明」の奮闘もこのあたりまでであった。平成23（2011）年3月12日の九州新幹線の全通時に下り4本、上り3本、さらに平成26（2014）年3月15日には下り3本、上り2本（すべて長洲《ながす》発着）とやせ細り、そしてついに平成30（2018）年3月17日には大牟田～博多間に上り1本が残るだけになってしまった（土・日運休）。

JR九州がなぜこの一本にだけ愛称を残したのだろう。単に郷愁があるからということではあるまい。JR九州はそれほどウェットな会社ではない。仮に「有明」ファンが郷愁を覚えるとしても、こんな形での存続は望まないはずである。現在の「有明」は往時の「有明」とは全く別の「有明」と考えたほうがいいのかもしれない。

第4章 木曽路を駆け抜け、地元民も観光客も沸いた

特急「しなの」 昭和43（1968）年10月1日〜平成8（1996）年11月30日
特急「（ワイドビュー）しなの」 平成8年12月1日〜

「木曽路はすべて山の中」

特急「あずさ」の章でも述べたが、中央本線はほぼ中間の塩尻を境に、通称中央東線（以下、東線）と中央西線（以下、西線）に画然と分かれる（第5部第2章参照）。そして、すべての定期列車が双方に乗り入れることなく、篠ノ井線の松本方面へと向かう。つまり、両線の列車の結節点は塩尻ではなく、松本、さらには長野なのである。JRになってからは塩尻がJR東日本とJR東海の境界駅になったが、この運行体系は国鉄時代からほぼ変わっていない。これでわかるように、東線と西線は全く別の路線といえよう。

このうち、西線は旧中山道の鳥居峠以南は木曽川に沿って河岸に切り立つ狭隘な懸崖を

走る。文字どおり、この地の馬籠宿出身の島崎藤村が、大作『夜明け前』の冒頭で描写した「木曽路はすべて山の中である」そのままの地勢をひた走る路線である。木曽谷の切れ込みは鋭い。

中央西線初の特急として登場

特急「しなの」は、西線を走る初の特急として昭和43年10月1日の時刻改正、「よん・さん・とお」と国鉄が呼んだ白紙改正で登場した。キハ１８１系による気動車特急であった。それまでの急行「第1しなの」を置き換える形で登場、名古屋と長野を結んだ。急行「しなの」はそれまで4往復設定されていたが、すべて消滅、残る急行は名古屋〜長野間「きそ」5往復、大阪〜長野間「ちくま」1往復、名古屋〜新潟間「赤倉」1往復になった。

特急「しなの」と前身の急行「第1しなの」のダイヤを比較してみよう。

新登場の特急「しなの」の名古屋発は8時40分、松本着が11時49分、長野着12時51分で、松本までの所要時間は3時間9分、長野までは4時間11分、これに対して急行「第1しなの」は名古屋発8時20分、松本着は11時54分、長野着は13時19分だった。所要時間は松本までが3時間34分、長野までは4時間59分。大幅に時間が短縮されたことがわかる。

これには、山岳路線に強いキハ181系という特急用の気動車の存在が大きい。全国に先駆けて特急「しなの」に初めて投入され、以後全国の非電化幹線に進出した名車両だ。

編成は9両で、全車指定席。長野に向かって2等の指定席車が6両、食堂車、1等指定席車、最後尾が2等の指定席車だった(塩尻〜松本・長野間は逆)。このうち、前部の2両は松本で切り離され、松本〜長野間は7両で走った。「よん・さん・とお」で登場した特急は座席指定車が多かったが、これはこの時代の特急がエリートだったことを示している。

運行を開始した日、信濃毎日新聞によると名古屋、木曽福島、松本などで出発式や祝賀式が型通りに行われたが、車中でも記念券が贈られるなど、特急「しなの」の誕生を盛り上げた。特急券の発売は、前日までに名古屋や多治見ですでに満席になっていたというから、まずは盛況であった。長野駅では上りの「しなの」の出発式が行われている。また、同紙は名古屋〜中津川間の複線・電化が完成したことを祝う開通式が中津川市スポーツセンターで行われたことを報じている。

381系振り子式車両が投入されて速度が向上

特急「しなの」の最初の転機は、2年半後の昭和46(1971)年4月26日に訪れた。

中央西線・篠ノ井線全線電化を機にキハ181系から381系に代わった2代目特急「しなの」の出発式。1973.7.10　中央西線名古屋駅

急行「ちくま」を吸収するなどして3往復になったのである。

その後も本数の増加は続き、昭和48（１９７３）年7月10日からは8往復へと飛躍する。この改正は名古屋〜塩尻間、つまり西線と篠ノ井線が全線電化されたのを受けたもので、８往復のうち6往復に電車の３８１系が投入された。

３８１系も、キハ１８１系同様「しなの」で最初に使用された車両で、この電車の際立った特色は日本で初めて振り子式車両を採用したことにあった。この振り子式というのは、正式には車体傾斜車両というが、これでわかるようにカーブ区間にさしかかると車体を傾けて走ることができる車両である。これによって速度を落とさずに走れることから、まずカーブ区間が連続する西線の「しなの」に投入されたのであった。

ただ、この振り子式車両にはまだ乗客の体が馴染んでいなかったため酔う人が続出、「しなの」には苦情が多く寄せられたという一幕もあった。一般に新型の車両は、走り始めは初期故障といわれる障害が多発するものだが、381系は故障ではなく、乗客が適応できなかったのである。しかし、こうした苦情はその後沈静化の方向に向かった。そして、その年の10月1日の時刻改正で晴れて「エル特急」の称号が与えられた。この改正ではまた、9両編成のうち塩尻に向かって前から3両に初めて普通車の自由席が設けられた（塩尻〜松本・長野間は逆）。自由席を配置するというのもまた、エル特急に求められた条件の一つだったのである。

「(ワイドビュー) しなの」と改名して以来変わらない立ち位置

昭和50年代を迎えて、「しなの」はなお発展を続ける。まず、昭和50（1975）年3月10日の時刻改正で残る2本のキハ181系「しなの」も381系に置き換わり、全列車が381系に統一された後、昭和53（1978）年10月2日、9往復、昭和57（1982）年11月15日には急行「つがいけ」を吸収して10往復になった。そして、昭和62（1987）

年4月1日、西線が国鉄からJR東海に変わった後、翌63年3月13日の時刻改正では、「しなの」の一部の先頭車にパノラマ型のグリーン車が組み込まれた。これは木曽路の迫力ある景観を楽しんでもらおうとの配慮からである。「しなの」は地元密着の列車ではあったが、観光列車としての性格も併せ持っていたのである。

次の転機は、平成8（1996）年12月1日に訪れた。長野発着列車に後継車両の383系が投入され、この列車を「(ワイドビュー）しなの」と改名したのである。この383系もまた振り子式車両で、ただ381系と異なるのは、381系が自然振り子方式だったのに対して、新たに開発された制御付自然振り子方式を採り入れたことで、乗り心地が改善されるとともに、カーブを通過する際の性能も改善された。当然、速度も向上した。

「(ワイドビュー）しなの1号」のダイヤは、名古屋発が7時15分、松本着が9時15分、長野着が10時5分で所要時間がそれぞれ2時間、2時間50分。まさに隔世の感がある。

以来、現在に至るまで「(ワイドビュー）しなの」はその立ち位置をほとんど変えることなく、ひたすらに木曽路を駆け抜けている。息の長い活躍を続ける名列車の一つである。

第5章　東京駅を深夜に発車。働き者を運んだ

143M・144M（通称「大垣夜行」）

昭和43（1968）年10月1日～平成8（1996）年3月15日

快速「ムーンライトながら」

平成8年3月16日～平成21（2009）3月14日

発車間際に駆け込んだ〝お助け列車〟

かつて、「大垣夜行」と呼ばれて親しまれた列車があった。東京と大垣を結んで真夜中の東海道本線を黙々と、鈍重にひた走った143M・144M列車がそうである（設定当初は大垣から東海道本線の支線に入って2駅、美濃赤坂まで足を延ばしたが、1年後にこの区間は廃止された）。

客層は限られていたが、人気のある列車だった。昭和43年10月1日、「よん・さん・と

お」の大時刻改正からそれまでの客車列車に替わって運行が始まった。ダイヤは、下り143M列車が東京発23時30分、名古屋着翌朝6時22分・発29分、大垣着7時19分、上り144M列車が大垣発20時32分、名古屋着21時16分・18分発、東京着翌朝４時35分だった。所要時間は全線を乗り通すと、下りが7時間49分、上りが8時間3分である。

この列車を利用した人はといえば、下り列車は夜遅くまで残業したり、仲間と飲み交わすうちにすっかり時間を費やしてしまったビジネスマン、居酒屋の従業員、バーやクラブのホステスといった人たちだった。東京駅や新橋駅では、この列車に乗り遅れまいと発車寸前に駆け込んでくる人たちで結構混雑したという。そう、「大垣夜行」はこれらの客を救済するために設定された列車だったのだ。そんなことから、常連客の間では〝お助け列車〟と呼ばれて重宝がられたものだった。

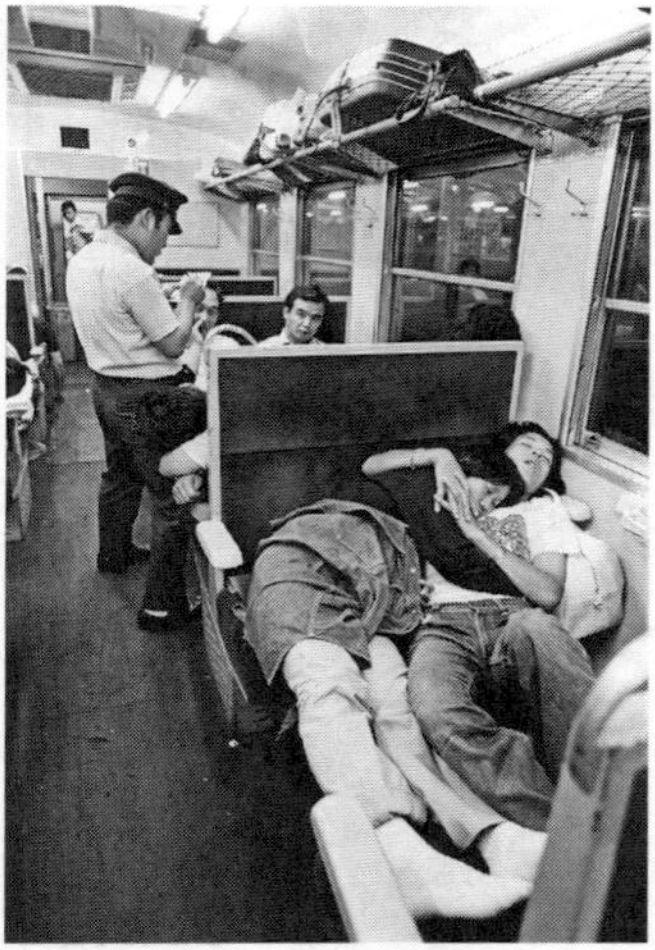
153系で運転されていた頃の「大垣夜行」の車内。1975.9.6

つまり、東海道本線の遠距離地方から通勤する人々にとってはなくてはならない列車の一つだった。このほか、豊橋、名古屋といった明け方に着く都市に赴く出張族や貧乏学生連中もそれなりに利用したから、乗車率も悪くはなかった。

車両の設備はそれほど悪いものではなかった。すべて4人掛けのボックス席、乗り心地もまあまあだった。だから、この列車の人気は高かった。

鈍行だったが深夜の時間帯は小駅を飛ばして走った

ところで、この列車は普通列車だといってもすべての駅に停車したわけではない。小田原までは各駅に停車したが、ここから先は熱海、三島、沼津、富士、静岡、金谷、掛川といった主要駅だけに停車し、以後は三河大塚、三ケ根を除いてすべての駅に停車した。当時、東京への通勤圏といえば、おそらく小田原、遠くても熱海あたりまでだっただろう。とすれば、この列車の小田原到着が0時56分、熱海着が1時22分だったからもう完全に深夜の時間帯である。つまり、その日のうちに我が家に帰り着くことはできないわけだが、それでもこのあたりから東京に通っていた人には自宅の布団に横たわれるだけでもありがたいということだったのだろうか。居酒屋やバー、クラブなどに勤める人は出勤時間も遅いからこれでもよかったが、早出をしなくてはならないビジネスマンにはさぞかし辛かったことだろう。

前身は夜行鈍行の大阪行きだった

この「大垣夜行」には前史がある。しかもそのルーツは、なんと明治22（１８８９）年7月1日にまで遡るのだから、並みの由緒ではない。本書の冒頭で取り上げた東海道線全通時に誕生した新橋～神戸間の夜行の直通列車がそうである（**第1部第1章参照**）。この時代、まだ急行や特急を走らせるという発想は当時の鉄道局（国鉄の前身）にはなく、駅ごとに停車するというのが当たり前だった。

ところで、話はいささか余談になるが、私は一度だけ、まだ「大垣夜行」になる前の東海道本線の夜行鈍行に乗ったことがある。細かなことは記憶から遠のいてしまったが、乗車したのは熱海～富士間。昭和36（１９６１）年初夏、私が大学2年の時のことだった。

なぜこんな半端な乗り方をしたかというと、部活の仲間5人で甲州と信州を旅行する時、新宿から中央本線で発てばいいものを、酔狂でわざわざ東海道本線経由にしたからである。身延線で甲州に入りたかった。で、なぜ熱海から乗ったかというと、東京を1本早く出る１３１列車大阪行きで23時34分に東京を発ち、熱海に1時32分に到着、ここから熱海発3

時10分の大阪行き421列車に乗り換えた。思い返すと、馬鹿なことをしたものだと苦笑を禁じ得ないが、この間の1時間38分の間に雨が降りしきるなか全力で海岸まで走り、荒れ狂う深夜の海に向かって雄叫びを上げて駅に戻った。

この421列車大阪行きが大垣夜行の前身である。この列車の東京発時刻は、131列車の5分後、23時40分である。東海道本線の最終列車であった。

国鉄総裁をも動かした利用者の声

以後、夜行の普通列車は幾変遷を重ねながら、「大垣夜行」誕生の直前まで東京〜大阪間の列車として運行されてきたが、じつは国鉄では「よん・さん・とお」の時刻改正時にもう役割を終えたとして廃止することを決定していた。ところが、報道でこのことを知った常連客の間からこれに猛反対する声が澎湃《ほうはい》として沸き起こり、存続を願う声が国鉄本社に殺到、これを受けて第5代国鉄総裁石田禮助が残すことを決断した。

そしてこれを機に、客車列車から電車列車に変身、また運行区間も大阪発着から東海道本線支線の終点、大垣から二つ目の美濃赤坂発着に変更された。なぜ、美濃赤坂という中途半端な駅が発着点になったかというと、大垣に電車基地が置かれていたからである。それにしても大幹線を走るとはいえ、鈍行の分際で総裁までも動かすというあたり、この列車の存在感がいかに際立ったものだったかを如実に示している。

さて、「大垣夜行」は走った。深夜の東海道本線を黙々と走った。昭和が終わって平成に入ってからも走り続けた。国鉄がＪＲに変わってから後も走った。そして、この間の昭和57（１９８２）年３月１日、今の「青春18きっぷ」の前身にあたる「青春18のびのびきっぷ」が発売されるや、たちまち人気列車に躍り出た。この切符の料金は１セット８０００円。１日券３枚、２日券１枚で構成されていた。ただし、「大垣夜行」に始発の東京から乗ってしまうと、30分ほどで日付が変わってしまうので、少し早い電車で戸塚より先まで行って待機、ここから乗り込むというのが定番だったが。

この間、列車番号は１４３Ｍ・１４４Ｍ、３４７Ｍ・３４４Ｍ、３４５Ｍ・３４０Ｍと変遷したが、下りの東京発時刻が昭和55（１９８０）年10月１日に23時25分に設定されてからというもの、長く変更されることはなかった（その後０時40分発になる）。この時刻は、常連客の脳裏にしっかり刻み込まれていたにちがいない。

そんな「大垣夜行」が「大垣夜行」と呼ばれなくなったのは、平成８年３月16日のことである。いや、廃止されたわけではない。それどころか、快速に格上げされたのである。

しかも、この列車には「ムーンライトながら」という愛称までついていた。「ながら」はいうまでもなく、岐阜県を流れる長良川にちなんだものである。列車番号が375M・372Mに変わった。

この「ムーンライトながら」もまた、深夜帰宅族や青春18きっぷの利用者にはなくてはならない列車として愛された。しかし、その後は乗る人が少なくなり、平成21年3月14日、ついに力尽きた。幸い廃止には至らなかったものの、青春18きっぷの利用期間などに運行される臨時列車になってしまった。

第6部

新幹線揃い踏み！
都心と地方の行き来が細やかに

第1章　伊豆半島観光旅行をお手軽なものにした

特急「踊り子」　昭和56（1981）年10月1日〜
特急「スーパービュー踊り子」　平成2（1990）年4月28日〜

首都圏から見て伊豆半島は遠かった

首都圏に住む人にとって手軽に行ける伊豆半島は、最も人気の高い観光・行楽地の一つである。その喉元に位置する熱海をはじめ温泉地が数多く点在する。けれども、江戸時代が終焉して明治時代に入ってからも伊豆半島の行楽地や温泉はもちろん、熱海に行くにも、かなりの難儀を強いられた。なぜなら、鉄道がまだ発達していなかったからである。

ようやく明治20（1887）年7月11日になって、それまで長く新橋（初代。汐留貨物駅になったのち廃止）〜横浜（現在の桜木町）間に限られていた鉄道が国府津へと延伸して、熱海が少し近づいた。そこからまた久しい歳月が流れて、大正9（1920）年10月

21日、熱海線の名で建設が進められていた国府津〜小田原間が開通、次いで真鶴、湯河原と前進、小田原〜熱海間が結ばれるのは大正14（１９２５）年３月25日のことである。東京〜熱海間に一気に下り８本、上り９本もの直通列車が投入され、３時間半前後で結んだことから熱海温泉は大賑わいすることになった。

人車鉄道から始まった小田原〜熱海間

じつは、それより前、小田原〜熱海間にはすでに鉄道が通じていた。けれどもそれは官鉄の軌道ではなかった。明治29（１８９６）年３月12日に豆相人車《ずそうじんしゃ》軌道という人車鉄道が敷設されたのである。人間が客車を押しながら小田原〜熱海間を行き来するという鉄道であった。立ち往生することも多く、そんな時は客も降りて一緒に客車を押すこともあったというほど原始的な鉄道であった。この人車鉄道が、蒸気機関車に代わったのが明治41（１９０８）年８月11日のこと、豆相人車軌道の後身の熱海鉄道が建設した。この鉄道は軽便鉄道で、のち大日本軌道という大手私鉄に買収された。

この鉄道の建設時の模様を伝える貴重な文献がある。芥川龍之介の短編小説『トロッコ』（角川書店・昭和46年）がそうである。

小田原熱海間に、軽便鉄道敷設の工事が始まったのは、良平の八つの年だった。良平は毎日村はずれへ、その工事を見物に行った。工事を――といったところが、ただトロッコで土を運搬する――それがおもしろさに見に行ったのである。

冒頭の一節である。この後、良平は好奇心にかられ、熱海から二人の工夫とともにトロッコを押しながら真鶴近くまで行き、だんだん心細くなったところで、「われはもう帰んな。おれたちは今日は向こう泊まりだから」といわれて、泣きそうになって夕暮れが迫るなか線路沿いに駆け戻り、ようやく家に着いたところで父母の前で大泣きしたという話である。見知らぬ土地に来てしまった時の不安、誰もが幼い頃に経験するだろう不安をリアリティ豊かに描写した名作童話である。出版社の校正係をしていた力石平三の幼少の頃の体験を聞いた芥川が小説にした。

丹那トンネルが貫通して手軽に行けるようになった熱海温泉

丹那トンネルが貫通して、国府津～熱海～沼津間が東海道本線になるのは昭和9（1934）年12月1日のこと。これで熱海までは手軽に行けるようになった。ただ、現在JR

東日本が乗り入れている伊豆箱根鉄道駿豆《すんず》線三島〜修善寺間は、前身の駿豆鉄道が大正13年8月1日にすでに開通させていたものの、伊豆半島東岸を南下する私鉄の伊豆急行線に至っては、伊東〜伊豆急下田間が全通するのはなんと昭和36（1961）年12月10日のことである。これでようやく伊豆半島の鉄道網が整ったことになる。

時間を少し戻す。伊豆半島への観光輸送が本格的に始まるのは、戦後すぐの昭和24（1949）年2月12日、公共企業体日本国有鉄道（国鉄）が発足する少し前のことだが、土曜日に東京〜伊東間に準急が登場、次いで翌25年10月7日、80系電車による不定期の準急「あまぎ」が東京〜伊東・修善寺間に投入されたあたりからである。これで伊豆箱根鉄道への乗り入れが実現した。昭和28（1953）年3月15日にはそれまでの「あまぎ」は「伊豆」に改称され、首都圏から観光・行楽客を輸送する態勢が次第に整ってきた。

準急「あまぎ」が投入されて伊豆旅行がより手軽に

昭和30年代に入ると、さらに観光輸送は活発になる。昭和36年10月1日の時刻改正で、昭和29年に新宿〜熱海間の準急として復活した「あまぎ」の運転区間が東京〜伊東間と修善寺間に変更されるなど、まだ準急のレベルではあったが伊豆半島がより身近な観光地になってきた。また、伊豆急行線が開業すると東京～伊豆急下田間の直通運転も始まった。

そして、昭和39（1964）年10月1日を迎える。この日、東海道新幹線が開業、これに合わせた在来線の時刻改正で準急「伊豆」がついに急行に昇格した。「伊豆」の存在感がますます高まった。もうこの頃には春の行楽シーズン、また夏休みの季節になると首都圏に住む人が伊豆半島をまるで奥座敷でもあるかのように身近なものに感じて、大勢が繰り出すようになっていた。

そしてエポックを迎える。昭和43（1968）年10月1日、いうところの「よん・さん・とお」の大時刻改正で急行の体系が「伊豆」と「おくいず」に整理・統合された後、昭和44年4月25日にこの「伊豆」の一部が特急「あまぎ」へと格上げされたのである。「あまぎ」は堂々、特急へと上り詰めた。ただ、まだ車両は「伊豆」で使用していた157系のままだった。

伊豆半島の輸送体系は、特急「あまぎ」が2往復、急行「おくいず」が2往復、「伊豆」が3往復、ほかに臨時も多数という布陣になった。「あまぎ」の東京～伊東間の所要時間は1時間40分前後、伊豆急下田までは2時間40分前後といったところだった。

特急「踊り子」誕生

昭和50年代に入る。

昭和51（１９７６）年３月１日、特急「あまぎ」の１５７系が特急用の１８３系電車に置き換えられた。それから5年半後、昭和56（１９８１）年10月１日の時刻改正で、伊豆半島特急に大きな転機が訪れた。特急「あまぎ」と急行「伊豆」を統合したうえで特急「踊り子」に装いを変えたのだ。特急「踊り子」の歴史はここに始まる。車両もこの時に１８３系と併用する形で新しく開発された１８５系が投入された。本数は定期だけで東京〜伊豆急下田間が５往復、ほかに伊東間が１往復、臨時も数本あった。所要時間は２時間45分前後である。また、熱海で解結して修善寺に向かう「踊り子」が定期だけで３往復設定された。

185系は1981年3月に急行「伊豆」などで登場し、7カ月後の同年10月には特急「あまぎ」と「伊豆」を統合した特急「踊り子」として再デビューを果たした。写真は「伊豆」で暫定的に使用されていた当時の185系。1981.9.18　伊東線網代駅

展望席や「こども室」を備えた「スーパービュー踊り子」が人気を呼ぶ

「踊り子」はこの後、大車輪の活躍をすることになる。ただ、残念なことにこの時代になると、首都圏から車で伊豆半島に向かう行楽・観光客が次第に増えて、客足が少しずつ減った。これをなんとか打開しようと、平成2年4月28日には新鋭の251系ハイデッカー車による「スーパービュー踊り子」が3往復設定された。しかも、東京側の始発・終着駅が東京駅だけでなく池袋駅・新宿駅にまで広げられた。ただ、この列車が修善寺に乗り入れることはなかった。251系は10両編成で、185系を上回る車内設備を誇る。1・2・10号車は2階建てで、1・10号車の先端が展望席、10号車には1階に「こども室」を設けるなど家族での利用に気を配った編成が自慢の車両だ。また、展望席以外も窓が天井にまで広げられており、伊豆の景観が楽しめる設計になっている。

＊

爾来30余年、時に時刻や運転本数を変化させながらも、今では伊豆半島の一つの風物ともなって、185系「踊り子」と251系「スーパービュー踊り子」は令和時代に入った今日に至るまで走り続けたが、令和2（2020）年春からは新型のE261系「サフィール踊り子」が運行を開始する。

第2章　陸奥・道南が首都圏にぐっと近づいた

新幹線特急「やまびこ」　昭和57（1982）年6月23日〜

新幹線特急「あおば」　昭和57年6月23日〜平成9（1997）9月30日

新幹線特急「はやて」　平成14（2002）年12月1日〜

新幹線特急「はやぶさ」　平成23（2011）年3月5日〜

上越新幹線に先行して開業した東北新幹線

昭和57年６月23日、東北新幹線が大宮〜盛岡間で先行開業した。沿線人口が少なく、需要を不安視する声も多かったなかでの開業である。「先行開業」とされたのは、同時に開業することになっていた上越新幹線の建設工事が遅れ、先に開業することになったからである。また、大宮発着になったのは、都心部の用地買収が難航したからだった。

起工直後の昭和46（1971）年11月29日の朝日新聞は見出しで『万歳』と『反対』と」「花火やパレード　仙台　盛岡」「埼玉　立退き反対デモ」と沿線に賛否両論があることを伝えた。立退きに反対する東京都北区の住民代表15人が、東京・丸の内の東京商工会議所で行われたお祝いの式典に押しかけ、「地元になんにも説明していないじゃないか」と2時間も押し問答をしたことも伝えた。

大喜びした沿線各地

ともあれ、予定より遅れたが東北新幹線は開業した。それだけに沿線住民の喜びは大きかった。

開業を新聞各社はもちろん大々的に報道した。仙台に本社を置く河北新報は朝刊1面の大見出しで「新幹線　けさ出発進行」と銘打ち、「〃高速元年〃到来祝う」と続けた。そして夕刊では仙台発の上り「あおば200号」の出発式の模様を写真入りで掲載、3面にも車内などの写真を掲載した。

盛岡の岩手日報もほぼ同様のトーンで、1面で「東北に新幹線時代開く」「『やまびこ』さっそうと旅立ち」「盛岡駅で出発式　二千人参列」といった見出しを掲げて岩手県沿線が興奮の渦に包まれたことを熱く伝えた。

だが、一方で中央紙の朝日新聞は、夕刊1面で「赤字・騒音…重荷背負い」と書き、15面で「みちのくの熱気乗せて」と冷ややかに開業を祝った。

なお、全面開業に至らなかったため、上野～大宮間には「やまびこ」「あおば」の利用客だけが乗車できる「新幹線リレー号」が設定された。所要時間は26分、長い時間ではなかったが、乗り換えの不便は否めなかった。

「やまびこ」「あおば」が運行を開始

列車はタイプの異なる2列車が投入された。宇都宮、福島、仙台に停車した後、盛岡までの各駅に停車する「やまびこ」が4往復、大宮～仙台間の各駅に停車する「あおば」が6往復設定された。「やまびこ」の所要時間は全列車とも3時間17分、「あおば」のそれはいずれも2時間17分だった。東海道新幹線の開業時と比べて、本数で見劣りがするのは上越新幹線（**第6部第3章参照**）が開業した時点で大幅に増発されることになっていたからである。その上越新幹線は同年の11月15日に開業した。同時に「やまびこ」が18往復、「あおば」が12往復と本数は一気に増えた。両列車ともほぼ1時間に1本の割合でダイヤが設

田植えが進むなか、第1北上川橋梁を走る200系「やまびこ」の試運転列車。
1982.5.7　東北新幹線一ノ関駅付近

定され、東海道新幹線並みの密度になった。

投入された車両は200系。編成は、東海道新幹線の開業時と同じ12両だったが、盛岡に向かって後部の4両は自由席で、このあたりが全席指定から出発した東海道新幹線とは異なった。

200系は、東海道新幹線の0系と比較して先端のノーズがやや長かった。なにより際立った相違は、窓回りと下部がグリーンに塗装されたことだった。東海道新幹線が太平洋をイメージしてブルーで塗装されたのに対して、こちらは稲の若い穂がモチーフになった。もう一つの特色は寒冷地、多雪地を走行するための耐寒・耐雪構造が施されていたことだった。また、先頭車の下部には「スノウプラウ」と呼ばれる雪掻き装置が設置されていた。速度は時速250

㎞を出すことができたが、当面は２１０㎞に抑えられた。

上野開業を経てついに東京駅発着に

「やまびこ」「あおば」とも好評裡に滑り出した。国鉄や一部で危惧された乗車率も悪くなかった。ただ、利用者からの早く都心に乗り入れてほしいという声は高まる一方だった。

その都心乗り入れは開業から2年半後の昭和60（１９８５）年3月14日に実現した。

この日、上野駅の地下に設けられた新幹線ホームでは賑々しく出発式が行われ、また沿線各駅でも祝賀式や出発式が行われた。上野開業と同時に、仙台以北を無停車で走る「やまびこ」も設定され、最高速度も時速２４０㎞に上げられたことから、上野～盛岡間の所要時間も最短2時間45分になった。上野駅界隈は祝賀ムード一色に包まれた。当然「新幹線リレー号」は廃止になった。

もはや東北新幹線は、〝陸奥は遠い〟という通念を完全に払拭してぐっと身近な存在にしてくれた。

次のエポックは、ＪＲグループに分割され、東北・上越新幹線がＪＲ東日本に帰属した後の平成３（１９９１）年6月20日にやってきた。ともに東京駅発着になったのである。

そして、所要時間もさらに短縮されて東京～仙台間は最速1時間44分、同盛岡間は2時間36分になった。東京と東北の時間距離はさらに縮まるとともに、時計を気にせずに手軽に乗ることができる乗り物になった。東京駅のホームで、東海道新幹線と東北新幹線が肩を並べて発車を待つ姿を、かつて誰が想像できただろう。ただ、その陰で都心のターミナルとして活況を呈してきた上野駅はあっという間に凋落した。この日の朝日新聞はこの模様を「やあ!東京駅」『ああ上野駅』ホームがらん」と描写した。

八戸延伸とともにE2系「はやて」登場

平成9（1997）年10月1日の時刻改正で東北新幹線はすべて「やまびこ」と「なすの」に統合され、「あおば」は愛称としては消滅した。「やまびこ」の本数はE1系2階建て車の「Maxやまびこ」を含めて東京～盛岡間で30往復弱、同仙台間で30往復という大所帯となった。

それから5年後の平成14（2002）年12月1日、待望久しく東北新幹線は八戸へと延伸した。大宮～盛岡間で暫定開業して以来じつに20年ぶりのことだった。そして、この日を期して「やまびこ」の上位列車「はやて」が一気に16往復も投入された。「はやて」は

八戸延伸を目前に控え、試運転を行う「はやて」用に新製されたE2系1000番代車両。2002.11.2　東北新幹線盛岡～いわて沼宮内

盛岡まで秋田新幹線「こまち」と併結で走り、そこから単独で八戸へと向かったが、そのほとんどが大宮～仙台間を無停車で走り、盛岡以北も、一部は八戸まで無停車だった。最速列車の所要時間は２時間56分だった。

この「はやて」に使用された車両はＥ２系１０００番代。最高時速２７５㎞で走る俊英である。編成は10両、１往復を除いて普通車、グリーン車とも全車指定席というエリート列車だった。２００系はこれを契機に少しずつ衰退してゆくことになる。

このあたりから東北新幹線は相貌《そうぼう》を大きく変え始めた。「はやて」の登場は東北新幹線が新たな時代に突入したことをはっきり印象づけた。

新青森に達して東北新幹線が全通

平成22（2010）年12月4日、ついに新青森に到達して東北新幹線が全通した。大宮先行開業から28年の歳月が流れていた。「はやて」の列車本数はこれまでより少し減って、東京〜新青森間が15往復、同盛岡間が1往復になったが、ほかに不定期列車も多数投入された。このうち最速列車は東京〜新青森間を約3時間半で結んだ。

東北新幹線の進化はさらに続く。平成23年3月5日から、「はやて」のさらに上を行く「はやぶさ」が投入されたのである。わずか3往復、しかもそのうちの下り5号と上り2号は仙台発着で、新青森発着は下り1・3号と上り4・6号である。最速の1号の所要時間は東京〜新青森間で3時間10分だった。

この「はやぶさ」には、ハイテクを駆使して開発されたE5系が充当された。10両編成で全車指定席、1号車から8号車までは普通車、9号車はグリーン車、そして10号車は「グランクラス」と名づけられた1人＋2人掛けの6列、定員18名という、とびきり高級な座席車になっている。E5系の最高時速は320㎞に引き上げられた。JR東日本が自画自賛してやまない高等列車でありスピードランナーである。

東北新幹線の主力はこのE5系と、E5系と同じ仕様のJR北海道のH5系「はやぶさ」

三内丸山架道橋を走行するE5系「はやぶさ」の試運転列車。
2011.2.16　東北新幹線新青森〜七戸十和田

に移り、平成31（２０１９）年３月16日の時刻改正では、東京〜仙台間下り３本上り２本、同盛岡間６往復、同新青森間下り８本上り７本となり、平成28（２０１６）年３月26日に開業した北海道新幹線にも乗り入れて、東京〜新函館北斗間に10往復、仙台〜新函館北斗間に１往復が設定されている。

　東北新幹線はこの先、どこまで進化を続けるのだろうか。令和元（２０１９）年５月10日から、世界最速の時速３６０㎞で走るという次世代型新幹線の試験車両「ＡＬＦＡ－Ｘ（アルファエックス）」が試験走行を開始した。

首都圏⇕日本海を近づけ、リゾートを生んだ

新幹線特急「あさひ」

昭和57（1982）年11月15日～平成14（2002）年11月30日

新幹線特急「とき」

昭和57年11月15日～平成9（1997）年9月30日・平成14（2002）年12月1日～

東北新幹線と上越新幹線の違い

上越新幹線は、東北新幹線とセットで語られることが多い。それも当然、この２線はともに昭和45（１９７０）年５月に公布された全国新幹線鉄道整備法に基づいて建設されたからである。しかも地理的にも隣り合っており、いわば姉妹路線ともいえる性格を有している。起工したのも東北新幹線が昭和46年11月28日、上越新幹線が同12月９日とほぼ同時だった。開業は同時が計画されていたにもかかわらず、上越新幹線は半年ほど遅れた。と

はいえ、まあほぼ同時とみなしていいだろう。

だが、その立地となると、この2線にはかなりの違いがある。東北新幹線は仙台以北、岩手県の一部を奥羽山脈の標高500m前後の山中を走るものの、ほとんどが山脈の東側の山麓付近を通るため、地形的にはそんなに険しくはない。対するに上越新幹線は群馬県と新潟県の間に標高1978mの茂倉岳《しげくら》を主峰とする三国山脈が厳然と聳え立っており、1977mの谷川岳の直下を貫通しなくてはならない。距離にも違いがある。実距離は東北新幹線が東京～新青森間674.9kmに対して、上越新幹線は東京～新潟間269.5kmと、半分にも満たない。

各地で盛大に行われた出発式と祭典

上越新幹線が大宮暫定開業で運行を開始したのは、昭和57年11月15日のことだった。投入された列車は、速達型の「あさひ」と各駅停車の「とき」である。「あさひ」は11往復設定されたが、停車駅の数はそれぞれ異なり、このうち高崎と長岡にしか停車しない最速列車の大宮～新潟間の所要時間は1時間45分だった。4往復あった。ほかの7往復は1時間55分である。「とき」は10往復、すべて大宮～新潟間を2時間10分で結んだ。それまで上越線の特急「とき」は上野～新潟間で4時間10～12分ほどかかったから大幅な時間短縮である。車両は東北新幹線同様２００系の12両編成。座席配置も同じだった。

「あさひ」はたちまち人気列車に躍り出た。新潟日報は、開業時の模様を１面の大見出しで「２１０キロ快調に21往復」「平常のこの時期より50％多い乗客を運」んだと伝えた。

２面では「快適さの陰に戸惑い」とも書き、「不満強い接続ダイヤ」「観光面は見直し必要」「明と暗のホテル業界」「騒音問題は残りそう」などと問題を提起した。もちろん、新幹線が停車する地元は歓迎一色、各駅で開業を祝う行事が賑やかに行われた。ただ、長岡駅には３万人が押し寄せたものの、利用客は予想よりはるかに少なかった。上越新幹線は沿線住民の期待と不安を交錯させて滑り出した。

上野駅が開業して一段と便利に

だが、運行が始まってみると利用客は思ったより多く、ある面で不安や心配は杞憂《きゆう》に終わった。乗り心地も上々、「たばこが立つほど揺れが少ない」といわれるほど好評だった。

上越新幹線は当時の日本鉄道建設公団が建設したが、大清水《だいしみず》トンネル、中山トンネルなど難工事区間が多く、特に中山トンネルは大出水事故を起こし、そのために開業が東北新

上越国境の三国山脈を望みながら越後湯沢駅付近を走る200系「あさひ」。1982.12.14　上越新幹線浦佐～越後湯沢

幹線より半年ほども遅れたが、好調ぶりに関係者はほっと胸をなでおろした。東北新幹線の経験が活かされて初期故障もほとんどなく、「あさひ」「とき」は快調に運転を続けた。

そして、昭和60（1985）年3月14日には待望の上野駅が開業、「あさひ」「とき」はついに都心に乗り入れた。さらに、「あさひ」「とき」はこの間に徐々に本数を増やしてはいたが、この時の時刻改正で、「あさひ」は16往復、「とき」は直通こそ10往復に据え置かれたものの、ほかに全車自由席の上野～越後湯沢間も5往復投入されて一気に本数を増やした。「あさひ」の所要時間は上野～新潟間で2時間3～7分に短縮された。越後がますます東京に近づいた。「とき」の所要時間は上野～新潟間直通ですべて2

時間20分、越後湯沢発着で1時間26分だった。リゾートとして発展しつつあった越後湯沢温泉が大きくクローズアップされた。同温泉は名実ともに東京の奥座敷になった。
なお、上野開業によって「新幹線リレー号」はその役割を終えて廃止された。

順調に成長した「あさひ」と伸び悩んだ「とき」

上越新幹線は、この後も順調に推移する。だが、一方で速達型の「あさひ」と各駅停車の「とき」との間で、性格の違いが浮き彫りになり、「とき」の利用率が次第に低下し始めた。そのために、国鉄からJR東日本に変わったばかりの昭和62（1987）年4月18日から、一部の「とき」を12両から10両にスリム化する方向に舵を切った。しかも、それからまだいくらも経たない翌63年3月13日の時刻改正では一部列車を8両編成にした。そんななか、上越新幹線は平成元（1989）年8月7日、累計1億人の輸送を達成した。開業後およそ7年での快挙であった。

上越新幹線は完全に国民、そして首都圏や沿線住民の間に定着した。

その後も、JR東日本のきめ細かな努力もあって客足は上向き、平成3（1991）年2月11日には1日の輸送人員がこれまでの最高を記録する8万5261人に達した。

全車２階建てのＥ１系「Ｍａｘ」登場

平成３年６月20日、東北・上越新幹線の東京駅が開業した。早速時刻が改正されて、「あさひ」は直通列車だけで18往復、「とき」は直通だけで15往復設定された。「あさひ」には号数番号が３００番代、「とき」には４００番代が振られたが、なかで異色だったのは、１・３、２・４号が充てられた「あさひ」である。速達列車のその上をゆく、東海道新幹線の「のぞみ」のような存在で、このうちの１号は東京～新潟間を１時間44分で結んだ。

「あさひ」「とき」、なかでも「あさひ」はさらに進化する。

平成６（１９９４）年７月15日、全車２階建ての新型車両Ｅ１系が開発されて、東北新幹線の「やまびこ」「あおば」とともに「あさひ」と「とき」に投入されたのである。これまでの「あさひ」「とき」とは切り離して「Ｍａｘあさひ」「Ｍａｘとき」と命名された。２階にも座席が設けられたことで、輸送力が飛躍的に向上した。

「Ｍａｘあさひ」は下りが２往復、全線を走ったが、「Ｍａｘとき」は上り１本が高崎～東京間に設定された。すべて既存の列車を置き換えたものである。「Ｍａｘとき４７４号」のダイヤは高崎発７時22分、東京着８時20分で、これは増大する通勤需要に対応したものだった。

E1系の編成は12両、これは200系「あさひ」と同じだった。ただ異なったのは1〜4号車までの普通車自由席の2階の座席配置が1列3+3人の6人になっており、肘掛けも設けられなかったし、1階席からは外の眺望が楽しめないとあって評判は必ずしも高くなかった。しかし、「Max」ことE1系は上越新幹線に少しずつ馴染んでいった。

とどまることを知らない上越新幹線

平成9(1997)年10月1日、「とき」「Maxとき」に激震が走った。愛称が廃されて「たにがわ」「Maxたにがわ」に改名したのである。在来線時代から親しまれてきた愛称だけに、これは常連客や鉄道ファンにとって衝撃であった。この日、北陸新幹線「あさま」が誕生、E2系がお目見えした。E2系は翌年12月8日から「あさひ」の2往復にも投入された。E2系は、北陸新幹線と、この直前に開業した秋田新幹線に対応するために開発された車両で、東北新幹線盛岡までを「こまち」のE3系と併結して走るための併合装置を備えていたが、北陸・上越新幹線のE2系にはそれはなかった。

「とき」が消滅して5年後の平成14年12月1日、永遠に安泰と思われていた「あさひ」の

この日限りで定期運行を終えたE1系「Maxとき」。
2012.9.28　上越新幹線新潟駅

新潟駅に到着したE4系「Maxとき」。2002.3.7　上越新幹線新潟駅

愛称に異変が起こった。なんと、すべてが「とき」に統一されたのである。「とき」の復活は喜ぶべきことだったが、「あさひ」も根づいていただけにこれは大きな衝撃を与えた。ではなぜ「あさひ」は消えたか？　理由は、北陸新幹線「あさま」と発音が似ていることから誤乗車が絶えなかったからである。列車愛称の歴史は古いが、こんな単純な理由で消えるのは歴史上初めてのことだった。

平成時代も20年が経過すると、新幹線も変化する。平成24（２０１２）年、初代２階建て車両Ｅ１系が消滅、現在は後継のＥ４系が使用されている。また、翌年３月15日には開業以来活躍を続けてきた２００系が終焉の時を迎えた。

そして迎えた平成31（２０１９）年３月16日、「とき」にＥ７系が４往復、「たにがわ」に１往復投入された。８年前の平成23（２０１１）年３月５日から東北新幹線「はやぶさ」で活躍を開始したＥ５系と同じ、１車両の定員が18名という「グランクラス」を連結したＥ７系が投入されたのである。とかくワンポイントで後れをとってきた上越新幹線もついに東北新幹線と肩を並べるまでになった。

第7部

多様化する旅と出張

〝ならでは〟を求めて

第1章　旅行者の憧れ！　乗ることが目的の豪華列車

特急「北斗星」

昭和63（1988）年3月13日～平成27（2015）年3月13日

青函トンネルが開通して青函連絡船が消えた

津軽海峡の海底を貫く、世界最長（当時）の青函トンネルが開通したのは、昭和の最末期、国鉄の終焉から約1年後の昭和63年3月13日のことだった。これでトンネルを貫いて本州の中小国《なかおぐに》駅と北海道の木古内《きこない》駅を結ぶ海峡線が開業、本州と北海道が1本の線路で結ばれた。そして、この日を期して上野駅と札幌駅を結ぶ夜行寝台特急が運行を開始した。

その名は「北斗星」――。国鉄から生まれ変わったJRグループが初めて実施した時刻改正によって生み出された豪華列車である。愛称は公募によったが、1位を獲得した「北海」、2位の「タンチョウ」、3位の「オーロラ」は採用されず、得票数わずか15票、108位だった「北斗星」に決定した。北を目指す夜行列車にふさわしいと判断されたのだった。

だが、青函トンネルが開通したことで、明治41（1908）年3月7日から80年の長きにわたって運航されてきた青函連絡船は廃止された。わずか4時間ほどの船旅だったが、旅情をそそってやまない連絡船の終焉には多くの人が涙した。

新しい星が一つ生まれると、古い星が消えてゆく……。世の習いとはいえ、本州から北海道に行くには津軽海峡を渡るものだと思い込んできた人には連絡船の最後はなんとも哀しいものだった。八甲田丸や大雪丸、津軽丸で何度も津軽海峡を行き来したことが、今では遠い、郷愁に満たされた思い出として人々の胸底に刻まれている。

移動の手段から目的そのものになった豪華列車

「北斗星」は定期2往復、不定期が1往復、計3往復が設定された。定期2往復のうち、「北斗星1・2号」はJR北海道が、「北斗星5・6号」はJR東日本が運行を担当した。

下り「北斗星1号」のダイヤは、上野発16時50分、函館着翌早朝4時24分、同4時32分発で、札幌には8時53分に着いた。所要時間は16時間3分。「北斗星5号」は上野発19時3分、札幌着翌日10時57分で、所要時間は15時間54分である。この間の距離は営業キロで1179・1km、それぞれの表定速度は1号が時速73・5km、5号が時速74・2kmである。

運転開始当初の「北斗星」車内では、ロビー・カーにおいて「サマーナイトステージ」と称したギター演奏会が催されることもあった。1988.8.22

もうこの時代には東京・羽田空港と千歳空港を1時間25分で結ぶ航空便が1日28便も飛んでおり、利便性という点ではとても敵うものではなかったが、「北斗星」はそれを豪華な車内設備と食事、そして旅情で補った。

「北斗星」の編成は1・2号、5・6号とも荷物車を入れて11両と同じだったが、JR東日本の5・6号は5号車が「ロビー・カー」になっており、この点だけが異なった。ロビー・カーは誰もが自由に出入りできるフリースペースのことで、ゆったりと配されたソファで寛いで流れる車窓を楽しめた。

車両は、ブルートレインの極めつきともいうべき24系25形が投入されたが、それまでのイメージを根底から覆すほど内装は改造され、また外装にもデッキの横にエンブレムを施したり、一部車両の窓下にゴールドの細い帯と太い帯、車体下部にも同色の帯を配するなど、「走る豪華ホテル」の名にふさわしい装いに改められた。

ED79形電気機関車に牽引されて早朝の函館駅に着いた寝台特急「北斗星」。1989.3.1　函館本線函館駅

豪華な内装が自慢の豪華夜行列車

運転開始時の「北斗星1・2号」の編成は、1号車と2号車が2段式のB寝台、3号車は半分が1人用のA寝台個室（ロイヤル）で半分が2人用のB寝台個室（デュエット）、4号車が2人用のA寝台個室（ツインデラックス）、5号車がミニロビー付きの1人用のB寝台個室（ソロ）、6号車が食堂（グランシャリオ）、7号車から10号車までは2段式のB寝台というものだった。「北斗星5・6号」も1・2号車と7～10号車が2段式のB寝台、3号車が2人用のA寝台個室（ツインデラックス）、4号車が1人用A寝台個室（ロイヤル）と1人用B寝台個室（ソロ）、そして5号車が前述したロビー・カーで、6号車が食堂（グランシャリオ）になっていた。

明治このかた、豪華列車は少なからず生み出されてきたが、ここまで技術の粋を尽くした列車はなかったといっても過言ではない。

それだけにお値段のほうも相当なもので、乗るにはそれなりの出費を覚悟しなくてはならなかった。寝台料金は、A寝台のロイヤルが1人1万8000円、ツインデラックスが2人で3万4000円、デュエットが2人で1万8000円、ソロが上段・下段とも6000円で、つまりはロイヤルはB寝台の3倍である。庶民が乗るとすれば、まあソロで精いっぱいというところだった。

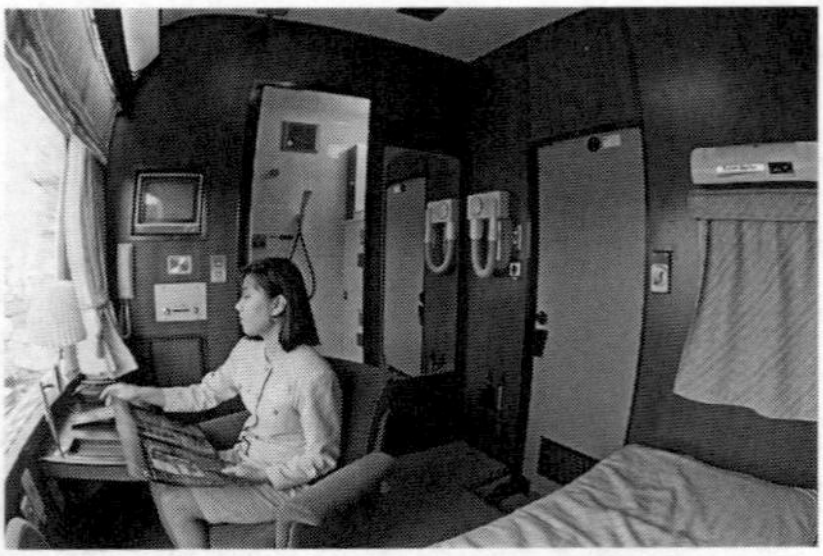

トイレ・シャワールームを備えた「北斗星」のA寝台個室「ロイヤル」

流れゆく夜景を眺めつつ味わう至福のひと時

次に、食堂車について回想してみよう。ディナーはすべて予約制になっており、食事時間は2回に分けられ、下りの「北斗星1号」は17時30分～18時50分と19時～20時30分、上りの2号は18時～19時20分と19時30分～21時と決められていた。また、下りの5号と上りの6号は19時30分〜21時までの営業だった。

当初、料理は予約制で、各号とも4コース用意されていた。Aコースは肉をメインにしたフランス料理で7000円、Bコースは魚介をメインにしたフランス料理で5000円、Cコースはビーフシチューで3000円、Dコースは魚介中心の和風御膳でやはり3000円だった。このうち、Cコースは座席に余裕があれば予約なしで利用することができた。

予約は、利用日の1カ月前から前日まで、「みどりの窓口」か旅行センター、主な旅行会社で受け付けた。予約がとれればその場で代金と引き換えに予約券が渡されるという、いかにもしかつめらしい手順を踏まなくてはならなかったが、これは一筋縄ではいかなかった寝台券の入手と相まって「これからいよいよ走る豪華ホテルに乗るぞ」といった気分を高揚させるのに一役買うものだったのかもしれない。

姉妹列車「カシオペア」に伍して平成を駆ける

「北斗星」は快調な滑り出しを見せた。なにしろ、日本に初めて登場した豪華な造りの夜行列車である。この好調の背景には、当時、世界最長の海底トンネルの人気が高かったこともあったが、なにより贅沢な時間を過ごせることへの期待が大きかった。そして早くも誕生翌年の平成元（1989）年3月11日の時刻改正で、3～6号車にもロイヤル、デュエットが組み込まれて12両編成になった。また、臨時列車だった3・4号も定期列車になり、冬季限定で臨時の「北斗星トマムスキー」を投入するなど活躍の幅を広げていった。

けれど――。「北斗星」は早くもこのあたりでピークに上り詰めてしまった。ここから平成の10年間は、十年一日の如く、ほとんど変化することなく推移する。

そして平成11（1999）年7月16日、「北斗星」を凌駕する「カシオペア」が運行を開始。車両はこの列車のために開発されたE26系客車だ。なにからなにまで豪華、ピカピカの列車の誕生である。もうこの頃には「北斗星」の車両は老朽の度合いを一段と進めており、見劣りすることはなはだしかった。当然、「北斗星」の人気は下降していった。

それでも「北斗星」は頑張った。「カシオペア」が誕生してからは定期のみ2往復体制になった。平成20（2008）年3月15日のダイヤ改正ではついに1往復に減らされたが、それでも走り続けた。ダイヤはかつての5・6号、後の3・4号のそれを受け継いだ。

そして、時はさらに流れその命運が尽きる時がやってきた。7年後の平成27年3月13日、北の大地に光芒を放ち続けた「北斗星」は静かに永遠の眠りについた。

第2章　日本を一本のレールでつないだ最終走者

快速「マリンライナー」

昭和63（1988）年4月10日～

日本列島が「一本列島」になった！

昭和の最後、ＪＲグループが誕生して1年が過ぎた昭和63年4月10日、本州と四国を結ぶ本四備讃線《ほんしびさんせん》（瀬戸大橋線）が開業した。その1カ月前の青函トンネルの開通と相まって、北海道から九州まですべてが1本のレールでつながったという歴史的な瞬間だった。

ＪＲグループはその告知ポスターで「レールが結ぶ、一本列島。」と高らかに謳い上げた。「日本列島」をもじって「一本列島」としたのである。けだし、これは名コピーだった。

これによって四国の輸送体系は様変わりした。ＪＲグループは、3月13日にＪＲとしては初めての大時刻改正を行った後、この日にも大がかりな時刻改正を行った。

それまで、高松と松山・宇和島間を結んでいた予讃本線（現在の予讃線）特急「しおかぜ」5往復、土讃本線（現在の土讃線）特急「南風」3往復が岡山へと足を延ばし、それぞれ岡山～松山・宇和島間特急、岡山～高知・中村間特急として生まれ変わった。四国きってのターミナルである高松は蚊帳の外に置かれることになった。

だが、これで高松が空白地帯になったかというと、どっこいそうはならなかった。岡山～高松間に、快速「マリンライナー」が一気に19往復も投入され、シャトル列車として活躍を開始したのである。「マリンライナー」の岡山～高松間の所要時間は日中のほとんどが58分である。それまでは宇野と高松を結んでいた宇高《うこう》連絡船に乗り換えて1時間40分前後を要していたから、40分以上の短縮である。明治時代から四国と本州を結ぶ役割を果たしてきた宇高連絡船は高速艇を除いて廃止された。

ただ、この宇高連絡船は旅情があってよかった。わずか1時間の船旅ではあったが、熱々の讃岐うどんを頬張りながら風光明媚な瀬戸内海の景色を眺めるなど、これはもう贅沢の極みだった。ただ、宇野での乗り換えはあわただしかった。なにしろ、列車を降りるや先を争うように連絡船乗り場に駆けつけなくてはならなかったである。今は郷愁の思い出として封じ込められているが、これも一つの旅の風物だった。

熱い思いを込めた皇太子殿下の祝辞

瀬戸大橋線開業の日の四国新聞には1面で「いま開く大橋新時代」との大見出しが躍った。そして、当時の皇太子殿下と美智子妃殿下や竹下登首相を与島に迎えて盛大に開通式が行われたことも伝えている。参加した人は約800人にも上った。

皇太子殿下は、この式典で、

本州四国連絡橋児島・坂出ルートが完成し、開通式が行われることを大変喜ばしく思います。この橋はほぼ百年前、明治二十二年に香川県議会議員大久保諶之丞《じんのじょう》によって構想されました。ここに橋をつくることには、古くから多くの人々の夢が込められていたことと思われます。長年にわたり積み重ねられたたゆみない研究と高度の技術とが総合され、瀬戸大橋は完成しました。工事にかかわり、協力された多くの人々の熱意と努力に対して深く敬意を表し、開通が地域の発展と人々の生活に幸せをもたらすことを望んでやみません。工事中に不幸にも亡くなられた人々に対し、この機会に深く哀悼の意を表したいと思います。

と述べられて、万感の祝意とともに殉職者を悼むことを忘れなかった。

四国新聞は、ほかに号外も出し、「悲願の瀬戸大橋開通」との大見出しを掲げた。ここで「瀬戸大橋線」と表現されなかったのは、この橋が鉄道と道路との併用橋だったからである。２層構造になっており、上が道路橋、下が鉄道橋である。また、一口に瀬戸大橋といっても１本の橋ではない。六つの長大橋と四つの高架橋で構成され、その間を瀬戸内海に浮かぶ島々がつなぐ。無数の大小の島々が点在する、幾つもの島が点在する瀬戸内海ならではの橋で、海峡部の長さは約９・４㎞に及ぶ。

快調に滑り出した快速列車

快速「マリンライナー」は、ＪＲ西日本とＪＲ四国が共同で運行する快速列車で、瀬戸大橋線開業時に開業した児島駅にて乗務員が交代する。日中はほぼ１時間に１本というフットワークの軽さもあって、快調に滑り出した。投入された車両は、前年から製造が始まった直流タイプの３両を１ユニットとする２１３系。通勤時間帯には最大で４ユニット12両という編成だった。高松方の先頭車にはグリーンの展望車を連結、快速らしからぬ豪華さである。最高時速１１０㎞という速度もまた特急並みだった。

瀬戸大橋を渡る快速「マリンライナー」。先頭車は213系クロ212形展望グリーン車。1993.4　瀬戸大橋線児島〜坂出

車体はグリーン車を除いてステンレス製で、窓の上部に薄い水色、下に同じ色とやや濃いめのブルーの帯が巻かれていた。これはもちろん、瀬戸内海をイメージしたものである。

運行開始早々から好評で、地元の通勤・通学客だけでなく、観光客も大勢が利用した。これは「マリンライナー」だけの数字ではないが、開業から5年経った平成5（1993）年度のデータで、瀬戸大橋線の利用者1094万人を記録したというから、驚異的なことだった。

今なお多数の列車が瀬戸大橋を駆け抜けている

その後、6両編成が基本になったが、「マリンライナー」は成長を続ける。

開業1年後の平成元（1989）年3月11日の

時刻改正では、一気に下りが24本、上りが25本に増発された。日中は20分から40分間隔という頻度である。さらに、翌2年3月10日からは本数はさらに増えて、33往復という布陣になった。以後、「マリンライナー」は平成の一桁代をほぼこの運行体系で推移する。所要時間1時間前後というダイヤ設定には変更はなかった。

平成11（1999）年3月13日には下り35本、上り34本と微増したが、この運行体系が平成15（2003）年9月末まで続く。

そして、翌日の10月1日、大きな変革の時が訪れた。それまで運行を担ってきた213系に代わってJR四国が開発した5000系とJR西日本が開発した223系5000番代という新型車両に置き換えられたのである。とはいえ、この2車種が独立した状態で走るというのではなく、5両編成を基軸にして連結された状態で運行を開始したのである。5000系3両が下り列車の先頭に立ち、後部の2両が223系という編成である。5000系の先頭車は2階建てで、2階がグリーン席、1階が普通車の指定席になっている。残り4両は自由席である。グリーン車が瀬戸内海の眺望をより楽しめることはもちろんである。ただ、瀬戸大橋線は道路橋とちがって足場になっている島に架かる橋を除くと、洋上はトラス橋になっているため、そのぶん見晴らしが悪いのは否めない。最高時速が110

km から１３０km に上がったことで、所要時間は最速52分になった。

平成16年10月１日、「マリンライナー」はさらに本数が増えて、下りが38本、上りが36本になる。ただ、翌年の10月１日からは下りが１本増えて39本になったものの、上りは36本に据え置かれた。以後、多少の変動はあったものの、今日に至るまでほぼこの体制での運行が続く。所要時間にも変化はない。

それにしても、と思う。この変革の激しい時代にあって、このどっしりと、また超然とした構えはどこから来るのだろう。それはひとえに快速「マリンライナー」が沿線住民をはじめ利用者の日常に完全に溶け込んだことを意味しているのだろう。これをもし、マンネリというなら、それは「偉大なるマンネリ」ということになろうか。

快速「マリンライナー」は、このスタンスを堅持しながら今日も瀬戸内海を行き来している。

第3章　東北への裏街道に光を当てた

新幹線特急「つばさ」　平成4（1992）年7月1日～

ミニ新幹線で開業した山形新幹線

山形新幹線は、秋田新幹線とともに「ミニ新幹線」と呼ばれる。在来線を新幹線と同じ国際標準軌（軌間1435㎜）に改軌し、自由な乗り入れを可能にする方式のことである。

それまでの新幹線は東海道新幹線をはじめ、すべてが新線、在来線とは拠点駅で接続するという方式で建設されてきた。しかし、これには膨大な工事費がかかる。これに対してこのミニ新幹線方式だと、新線を造るのに比べて20分の1くらいの経費で賄うことができるという長所があった。

もう一つの長所は、在来線もそのまま残るから、軌間を新幹線に合わせる必要はあったが新幹線の列車だけでなく従来の列車もそのまま走行することができることだ。欠点があったとすれば、他の在来線との直通運転ができなくなるほか、所要時間がこの区間は長くかかるということだった。なぜなら、在来線の区間はカーブや勾配が多く、それだけ速度が出せないからである。

山形新幹線の走る奥羽本線の福島〜米沢間には途中にいくつもの峠が立ちはだかり、特に標高７５５ｍの板谷《いたや》峠は、江戸の昔から難所中の難所として旅人を苦しませてきた峠であり、ここに鉄道が通じてからも列車はスイッチバックで往来しなくてはならなかった。山形新幹線はこのスイッチバックも解消した。

じつは、福島〜山形間をミニ新幹線方式にしようと発案したのは、国鉄時代から運転局長に就いていた山之内秀一郎だった。彼は、日本に続いて新幹線を建設したフランス新幹線（ＴＧＶ）が自在に新幹線区間と在来線区間を乗り入れしていることに着目、これにヒントを得たという。

ＴＧＶは在来線と同じ国際標準軌を採用したから、新幹線区間だろうと在来線区間だろうと自由に走行できたのだ。

ここで少し横道にそれるが、山形新幹線、秋田新幹線というのはあくまでも営業上の呼称であって、こういう路線はじつは存在しない。山形新幹線は東京〜福島間は東北新幹線、福島以北は奥羽本線である。また、秋田新幹線も東京〜盛岡間は東北新幹線、以北は田沢湖線と奥羽本線である。

「つばさ」に使用された車両は、山形新幹線のために開発された400系だった。「シルバーメタリック」と呼ばれる銀色のボディに窓の下にグリーンの帯を巻いた、それまでの新幹線車両には見られなかったフレッシュな装いで、それが東北新幹線区間はともかく、踏切も駅もある奥羽本線を走ったのだから、これには沿線の住民は驚いた。踏切で通過を待っていると、それまで軽快な在来線の車両に馴染んできた目には、いかにも重々しく、貫録たっぷりに映ったのは無理もないことではあった。編成は6両。1両はグリーン車だったが、残りは普通車で、このうち自由席は2両だった。

山形新幹線の高速列車が走るようになった奥羽本線（山形線）では踏切も改良された。1993.2.1　奥羽本線蔵王～山形

裏街道に明かりを灯した「つばさ」

山形新幹線は、東京～山形間で平成4年7月1日に開業した。これを機に「つばさ」が一気に14往復投入され、東京～山形間を福島に停車するだけの最速列車は2時間27分で走

豪雪の板谷峠に挑む初代「つばさ」の400系。2000.2.16　奥羽本線大沢～関根

破した。また、14往復のうち13往復は、東京～福島間を東北新幹線２００系「やまびこ」との併結運転で走った。これによって省エネ効果を高めることができた。ちなみに、速度は新幹線区間内では最高時速２４０㎞で走ったが、在来線内では１３０㎞がせいぜいだった。

当然ながら、山形新幹線の誕生は地元を歓喜の渦に巻き込んだ。

山形県内の停車駅では歓迎のイベントで賑わい、開業初日の列車の指定席は上り下りともほぼ満席という盛況であった。無理もない、それまで東北本線が表路線だとすれば奥羽本線は裏路線、常に後塵を拝するという宿命を甘受させられてきたからである。

地元紙の山形新聞は、７月１日の朝刊の１面で、

「つばさ」——新時代運ぶ

と謳いあげ、添えられた走行写真には「山形—東京を最短2時間27分で結ぶ山形新幹線『つばさ』。県勢発展に計り知れないメリットをもたらす」というキャプションが添えられた。そして、2面で山形新幹線が全国新幹線鉄道整備法で下位に位置づけられており、21世紀の開業は無理と思われていたことを紹介、「こうした経緯があり、在来線の改良計画ならばという現実的な早期実現の可能性が検討され、『新幹線在来線直通運転』という新しい考え方が出てきたのである」とミニ新幹線方式についても触れていた。そして、その日の夕刊の1面や社会面などで山形駅のホームで行われた1番列車の出発式の模様や各駅で行われたセレモニーの熱気などを詳報した。

想定以上の需要があった！

ご多分に漏れず、山形新幹線も当初はどれだけの需要が見込めるか危惧されていた。しかし、いざ運行が始まってみると予想外の好評で、輸送力が追いつかないことがわかってきた。こうした状況を踏まえて早くも平成7（1995）年12月1日からは普通車の指定席が1両増結されて7両編成になった。同時に、運行本数も15往復になった。

　山形新幹線が軌道に乗ると、山形〜新庄間の沿線住民からの新庄延伸を望む声も日増しに強くなってきた。これを受けてJR東日本は4年後の平成11（1999）年12月4日に待望の新庄延伸を果たした。15往復のうち8往復が新庄を発着するようになった。新庄開業では福島と山形に停車するだけの最速列車は3時間5分で東京と新庄を結んだ。山形〜新庄間の沿線に住む人には大きな福音になった。同時に新型のE3系が投入されて、この後漸次更新されていくようになる。

　21世紀に入ってしばらく、「つばさ」は15往復体制が続いたが、その間に新庄発着が9往復、山形発着が6往復になるなどの小さな変動があり、平成19（2007）年3月18日の時刻改正では山形発着が1往復増発されて、16往復へと躍進した。

　この運行体制は今も続いている。どうやら、「つばさ」はその立ち位置をしっかり確定させたかに見える。

第4章

秋田の人気観光地もビジネスも。首都圏をピストン

冠雪の秋田駒ヶ岳をバックに走る秋田新幹線E3系「こまち」の試運転列車。1996.12.1 田沢湖線刺巻～神代

新幹線特急「こまち」

平成9（1997）年3月22日～

秋田県民が待ち焦がれた東京直通の新幹線の誕生

秋田新幹線は、山形新幹線に次ぐ日本で二番目のミニ新幹線（**第7部第3章参照**）として平成9年3月22日に開業。東京と秋田を結ぶ特急「こまち」が運行を開始した。秋田県に住む人が待ち望んだ高速列車の誕生だった。

秋田県の地元紙・秋田魁《さきがけ》新報は開業翌日の朝刊で、

「こまち」デビュー　熱い視線浴び華やかに

との大見出しを掲げ、秋田駅をはじめ県内各駅の開業の模様を克明に伝えた。

秋田駅では、５時20分から上り一番列車「こまち10号」が待機するホームで出発式が行われ、ＪＲ東日本社長、運輸事務次官、秋田県知事らが参列、それぞれ挨拶と祝辞を述べ、テープカット、くす玉割と続いたのち、定刻６時12分、大勢の人が見守るなか、秋田駅長の合図で東京に向けて発車した。華やかな開業の式典はこのほか県内の各駅でも行われ、祝賀ムード一色に塗りつぶされた。

秋田県は山形県よりさらに北に位置し、東京から秋田を目指すには上越新幹線と羽越本線、東北新幹線を経由して奥羽本線か田沢湖線、北上線で入るしかなかった。それまで、もちろん夜行の直通列車もあるにはあったが、長時間を要したし、昼行だと盛岡から田沢湖線経由で４時間半ほどかかっていた。それが乗り換えなしで最速３時間49分で結ばれたのだから、秋田県民が驚喜したのも無理はない。

最速列車「こまち３号」のダイヤは、東京発12時56分、秋田着16時45分。田沢湖線内はノンストップで大曲にのみ停車した。

奥羽本線神宮寺～刈和野間に敷設されている3線軌条。左が3線軌条で、右が上りの秋田新幹線専用の線路

3線軌条も敷設された奥羽本線区間

秋田新幹線は、田沢湖線全線と大曲～秋田間の奥羽本線を１４３５㎜の国際標準軌に改軌するという方式、つまりミニ新幹線方式で建設された。そのため、田沢湖線は改軌工事によって平成８年３月30日から約１年間、全面運休に入り、この間はバスが代行輸送をした。また、奥羽本線区間はそれまでの狭軌の複線から片側だけを標準軌にし、在来線と新幹線が並列するというこれまでに例のない線路配置が採用された。そして、神宮寺～峰吉川間は片方のレールに３線軌条が敷かれた。

つまり、この区間は新幹線も在来線も走ることができるのである。これも珍しい線路配置であった。秋田新幹線はミニ新幹線ではあったが、奥羽本線区間にはこのような工夫も施されているのである。

航空機との競合のなか13往復から出発

「こまち」は13往復設定された。山形新幹線「つばさ」より1往復少なかったが、それまで不便を強いられてきた利用客にはこれは十分すぎるくらいの本数だった。

一般に、所要時間が4時間を超えると航空機との競合が厳しいといわれるが、この時代東京（羽田）～秋田間には6往復の航空便があり、この間をわずか1時間で結んでいた。にもかかわらず、「こまち」は滑り出しから好評で、連日予約はほぼ満員という状態が続いた。ちなみに、航空便の料金が1万7250円（多客期は1万7950円）に対して、「こまち」は東京～秋田間で運賃が9560円、特急料金が7250円で1万6810円、ほぼ同額だった。ただ、「こまち」が走る田沢湖線沿線には田沢湖、角館など人気の高い観光地がたくさんあるので、首都圏からこうした観光地に向かう人にとっては便利な列車だった。なにより、この時代にはまだ鉄道に対する愛着が根強くて、それが「こまち」の人気を下支えしていたのだろう。

もちろん、これには列車の乗り心地のよさも大きく影響していた。投入された車両は

「こまち」用に開発されたE3系。5両編成だった。東京方面に向かってグリーン車、普通車指定席2両、同自由席2両である。列車は東京〜盛岡間（一部仙台）を200系、またはE2系「やまびこ」と併結。E2系との併結列車は最高時速275kmで走った。

ゆっくり進化を重ねて今日に至る

開業以来の「こまち」の動向を追ってみよう。

堅調な運行状態を映して、E3系はわずか1年半後の平成10（1998）年10月26日から、中間に指定席の普通車を組み込んで6両に増やされた。本数も1往復増発されて14往復になった。以後、この状態が平成17（2005）年3月1日の時刻改正の前日まで続く。

一つ動きがあったとすれば、この間の平成14（2002）年12月1日から東北新幹線の併結相手が「やまびこ」から「はやて」に代わったことである。そして、これを機に普通車はすべて指定席になった。「はやて」はこの日から東北新幹線に登場した「やまびこ」の上位列車である。所要時間に大きな変化はなく、東京〜秋田間は4時間前後だった。

平成17年3月1日の時刻改正からは15往復とさらに1往復増発された。

そして平成23（2011）年3月11日、東日本大震災が発生し、東北新幹線など多くの路線が運行を停止、秋田新幹線は同18日から盛岡〜秋田間で臨時ダイヤによる折り返し運転となった。４月29日には、東北新幹線の全線運転再開によって秋田新幹線も東京〜秋田間の運転になるが、復旧工事に伴う減速運転もあり、震災前のダイヤに戻ったのは、地震発生からおよそ半年後の９月23日のことだった。その後平成25年（２０１３）年３月16日からは、新型のＥ６系が15往復のうち４往復に投入されたのである。そして、この４往復には従来の「こまち」と識別する意味で「スーパーこまち」の愛称が与えられたのだった。「スーパーこまち」の併結相手はＥ５系「はやぶさ」になった。

Ｅ６系は、「こまち」用に開発された車両で、東北新幹線上は最高時速３００㎞で走行した（現在は時速３２０㎞）。編成は７両。グリーン車１両、普通車が６両、すべて指定席である。

Ｅ６系はこの後増備が進められ、平成26（２０１４）年３月15日からは全列車がＥ６系に置き換えられて愛称もすべて「こまち」に統一された。併結相手は依然Ｅ５系「はやぶさ」である。以後今日に至るまで「こまち」はこの体制で運行が続けられている。

第5章

仕事の後に乗って起きたら出雲の朝日！新しい旅のスタイル

特急「サンライズ瀬戸」 平成10（1998）年7月10日〜
特急「サンライズ出雲」 平成10年7月10日〜

デビュー以来変わらない寝台特急

「サンライズエクスプレス」と総称される寝台特急「サンライズ瀬戸」と「サンライズ出雲」は、「TRAIN《トラン》 SUITE《スイート》 四季島」「TWILIGHT《トワイライト》 EXPRESS《エクスプレス》 瑞風《みずかぜ》」「ななつ星in九州」といった豪華クルーズトレインを除いて、JR線上に唯一残る寝台特急である。

この2列車は、コンビを組んで東京駅を発車する。車両は専用の、この両列車のために開発された285系電車で、編成はともに7両。うち5両が2階建て車である。「サンライ

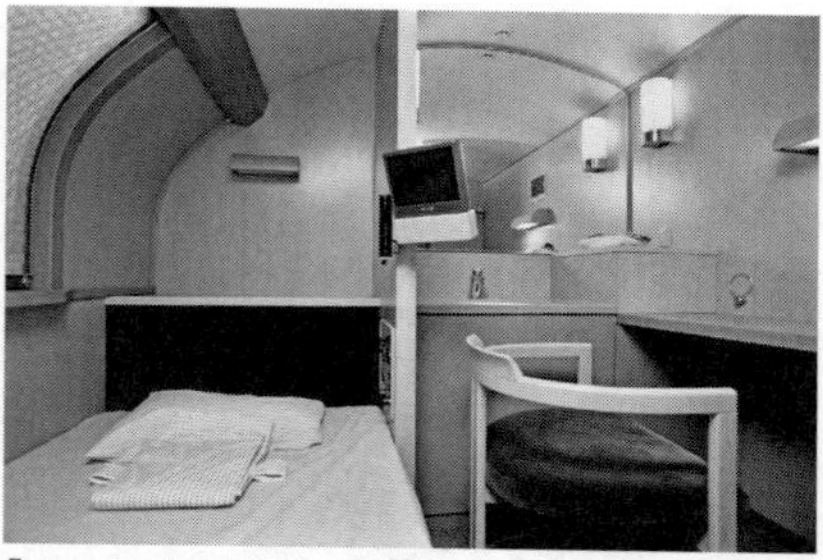

「サンライズ瀬戸・出雲」の4・11号車2階部分に各6室あるA寝台個室「シングルデラックス」

ズ瀬戸」の３・５号車と「サンライズ出雲」の10・12号車（いずれも下り列車の場合）は２階建て構造ではなく、３・10号車は上段と下段に分けられており、Ｂ寝台の個室が20室、それにラウンジとシャワー室がある。また、「サンライズ瀬戸」の４号車と「サンライズ出雲」の11号車（同）は２階がＡ寝台個室で「シングルデラックス」、１階が「サンライズツイン」と呼ばれるＢ寝台個室である。車端部にはＡ寝台客専用のシャワーが設けられている。Ａ寝台の定員は６人、サンライズツインの定員は８人である。５号車と12号車は車端部の二つのＢ寝台個室を除いて、「ノビノビ座席」と呼ばれる座席車で定員は上段下段合わせて28席が設けられている。それ以外の車両は、数室のシングルツインを除いてシングルになっている。

　と、こう長々と書き連ねたのはほかでもない。平成10年７月10日に運行を開始して以来20年余、今日に至るまでそのたたずまいがほとんど変わらないからである。

朝の讃岐路を走る寝台特急「サンライズ瀬戸」。
2015.10.21　予讃線讃岐府中～国分

ビジネスに旅行に重宝な列車

それにしても、と改めて思う。鉄道が高速時代に入ってもう久しい時間が流れたというのに、長い時間をかけて走る定期の夜行列車が、ＪＲ線上にわずか１本だけとはいえ残っているというのは、奇跡に近いことなのかもしれない。しかも、今なおその人気には陰りがみられない。

ではその魅力はと考えると、一つにはそのダイヤ設定にあるのだろう。下りの場合、東京を22時に出るというのは、ビジネスマンにとってなんとも都合がいい。一仕事終えて東京駅にかけつけるのにたっぷり余裕がある。その気になれば一杯ひっかけることもできる。それから、眠っているうちに一夜が明けたらもう目的地という利便性！これほど効率のいい列車もそうはない。

やや抽象的な表現になるが、昭和時代の残り香も味わえる。郷愁といいかえてもいい。そしてそれはそのまま旅情にも直結する。「サンライズエクスプレス」は特に女性に高い人気があるが、広い窓を通して日の出、つまりサンライズが楽しめる。また、程のよいスピードが流れゆく景色を存分に堪能させてくれる。鉄道旅行の醍醐味が凝縮されているのである。

もし読者が平成生まれなら、昭和を追体験するのにこれほど恰好の乗り物もないだろう。

ダイヤもほとんど変わらないで変遷

東京駅を発車した下り列車は、一路東海道本線を西進、山陽本線に入って岡山へと歩を進める。そして、岡山で併結を解いたところで、「サンライズ瀬戸」は瀬戸大橋を渡って高松に向かい、「サンライズ出雲」は倉敷から伯備線に入って高梁川を遡上《そじょう》、山陰本線の出雲市駅を目指す。

ダイヤは、東京発22時ちょうど、岡山着翌朝６時27分。ここで分離された「サンライズ瀬戸」は６時31分に発車して高松には７時27分に到着。一方、「サンライズ出雲」は６時34分に発車して出雲市に９時58分に着く。所要時間は「サンライズ瀬戸」が９時間27分、

「サンライズ出雲」が11時間58分。安眠とまではいかないが、まずはこの間快適な旅が約束されているといえる。

では、誕生当時のダイヤはというと、東京発が22時ちょうどで、岡山着翌朝6時27分。「サンライズ瀬戸」が6時31分に発車して高松には7時26分に着いた。一方「サンライズ出雲」の岡山発車が6時33分で出雲市には9時59分に着いた。

どうだろう。運行開始当初と現在とを比べてみて、「サンライズ瀬戸」「サンライズ出雲」ともほとんど変化がない。車両もまた当時新型だった285系である。編成も全く同じ。

つまり、なにもかも平成10年の運行開始当初と変わっていないのである。平成に入って加速度的に列車や車両の変動が激しくなった時代にあって、この変化のなさはどうだろう。このことは、「サンライズ瀬戸」「サンライズ出雲」がそれだけの需要を堅持してきたことを示しているのだろう。信越本線特急「あさま」や中央本線特急「あずさ」のように、時代とともに進化しながら本数を増やした特急もあれば、時代の流れについて行くことができずに消えていった特急もたくさんあったなかでこの存在感には際立ったものがある。

変化するためにはそれなりに熱量が必要だが、変化しない、いや変化させないためにもすごい熱量がいる。「サンライズエクスプレス」はそういう特急なのだと改めて実感する。

瀬戸大橋線開業と同時に高松へ乗り入れ

「サンライズ瀬戸」、「サンライズ出雲」にはそれぞれに前身がある。

まず「サンライズ瀬戸」だが、昭和47（１９７２）年３月15日に東京～宇野間の特急として誕生した。これにも前史があり、昭和25（１９５０）年10月１日に誕生した、東京と四国への連絡口にあたる宇野を結ぶ急行５０１・５０２列車がそのルーツにあたる。ダイヤは、下りが東京発21時30分、岡山発翌日12時29分、宇野には13時10分に着いた。じつに15時間40分を要した。

その後、昭和26年９月15日に列車番号が３０３９・３０４０と変わったところで11月25日には東京～大阪～大社間急行「出雲」（当時は「いずもこ）と併結で走るようになった。そして、同年12月２日に「せと」と命名されて晴れて愛称急行の仲間入りをした。「出雲」との腐れ縁はこの時に始まったといえようか。しかし、「出雲」とのコンビネーションは５年後の昭和31（１９５６）年11月19日に解消、単独運転になり、「瀬戸」と漢字表記になる。

その後、同僚の「さぬき」を吸収して２往復になるといった変遷を重ねて昭和47年３月15日に晴れて特急に昇格、同時に20系客車が投入されてブルートレインになった。ただ、この時からは再び１往復になる。昭和52（１９７７）年９月には24系25形になり、以後長くこの態勢で走り続けた。そして、四国の人が待ち望んだ本四備讃線（瀬戸大橋線）が昭和63（１９８８）年４月10日に開通するとついに高松へと乗り入れた。東京～高松間の下りが東京発21時５分、岡山発翌朝６時30分、高松着７時36分となって、10時間31分で結ばれることになった。

以後、「瀬戸」はＪＲ時代に入って10年、平成10年７月10日に「サンライズ瀬戸」にバトンタッチするまで黙々と走り続けた。

大阪発着の準急から出発した「出雲」

次は「サンライズ出雲」。

その前身は昭和初期に誕生した準急だが、その経路は大阪～米子間だった。戦後の昭和26年11月25日、この列車が急行に昇格、12月２日に「いずも」の名称が与えられた。経路は東京～大阪～大社間。なぜわざわざ山陰本線から大社線（平成２年３月31日に廃止）に入ったかというと、出雲大社に参詣する人を見込んでのことである。

昭和31年11月19日の時刻改正時で、列車名が「出雲」になった。大阪から福知山線を経由して山陰本線に入り、出雲今市（現在の出雲市）で分離されて浜田と大社を目指した。

この時の下り大社行き「出雲」のダイヤは、東京発22時15分、大社には翌日の18時25分に着いた。この列車が京都から山陰本線を経由するようになるのが、5年後の昭和36（1961）年10月の白紙改正の時からである。この時、大社行きが廃されて浜田行きになると同時に、「金星」と併結で走るようになった（上りのみ）。この状態は昭和39（1964）年10月1日まで続く。そして、ようやく昭和47年3月15日の時刻改正で特急「出雲」に昇格を果たした。「ブルートレイン」の先駆け、20系が投入された。昭和50年代に入って、24系25形に置き換えられたり、国鉄末期には「いなば」を吸収して2往復になる、山陰側の発着駅が出雲市になるなどと変遷したが、そのうちの1往復に285系が投入されて、平成10年7月10日、伯備線経由の東京〜出雲市間「サンライズ出雲」に変身した。残された「出雲」はその後も山陰本線経由の客車列車として走り続けたが、平成18（2006）年3月17日を最後に廃止された。

特急「瀬戸」「出雲」に始まる歩みを概観してみると、「サンライズ瀬戸」「サンライズ出雲」が唐突に出現したわけでなく、そこに至るまでの前史が粛々と横たわっていることがよくわかる。

第6章 あの手この手のサービスで乗客を満足させた

新幹線特急「ウエストひかり」
昭和63（1988）年3月13日〜平成12（2000）年4月21日

新幹線特急「ひかりレールスター」
平成12年3月11日〜

山陽新幹線開業とともに設定された東海道新幹線直通列車

山陽新幹線は、昭和47（1972）年3月15日の岡山開業を経て、昭和50（1975）年3月10日に博多へと延伸して全通した。東京から直通する「ひかり」が設定され、岡山開業時の直通「ひかり」の本数は26往復。すべての列車が東京〜岡山間を4時間10分で走破した。博多まで全通した時は下り23本、上り22本の直通列車が設定された。全通時の最速「ひかり」の東京〜博多間の所要時間は6時間56分だった。遠いと思われていた九州がぐっと近くなったことが実感された。

しかし、昭和55（1980）年になると、10月1日の時刻改正で、「ひかり」は全体では6往復増発されたものの、直通列車は18往復に減らされた。ただ、最速列車の所要時間は6時間40分に短縮された。以後、直通「ひかり」はさらに本数を減らしながら昭和50年代を推移する。昭和60年代に入ると、61（1986）年11月1日に実施された時刻改正で、それまで開業以来最高時速210kmで運転されてきた「ひかり」の速度が220kmに上げられ、直通の最速「ひかり」の所要時間がついに6時間の壁を破って、5時間57分になるなどの進展が見られた。だが、本数は下り14本、上り13本にまで減った。これは直通以外の「ひかり」「こだま」がさらに増発されたことによる。

朝夕の空白時間帯を埋めるために設定

こうした経緯を経たところで、昭和62年3月31日、国鉄が終焉、翌4月1日にJRグループが誕生した。山陽新幹線はJR西日本に承継された。この時点でも、「ひかり」の運行体系には全く変化はなかった。

ここからは、後にJR西日本の社長、会長を歴任した南谷《なんや》昌二郎の著書『山陽新幹線』（J

窓の下に細いブルーの帯を配し、ドア横にウエストを表す“W”のシンボルマークを掲げた専用編成で運行された0系「ウエストひかり」。
1995.4.8　山陽新幹線新神戸

TBパブリッシング）に拠ることにするが、JR西日本発足当時、経営会議や取締役会で新幹線のダイヤのことがよく議題に上ったという。というのは、これまで見てきたように、新幹線のダイヤが東京中心に設定されていたために大阪を早く発車するのに便利な列車がなかったからである。当時の時刻表を見ると、新大阪〜博多間の「ひかり」は6時台が2本、7時台が1本（ほかに名古屋〜博多間が1本）である。また、上り列車は逆に夕刻から夜にかけての「ひかり」が17時台は1本もなく、18時台が1本、19時台が2本、20時台が1本とやはり少ない。さらに、国民の間に東京〜新大阪間は「ひかり」が3時間、「こだま」が4時間という認識が浸透しているのに、山陽新幹線に対する認識は浅く、遅いというイメージが強かった。

そんなこともあって、ＪＲ西日本では山陽新幹線は「想像以上に速いというイメージを定着」（南谷）させる必要に迫られた。そこで、編成を6両とスリム化、それも全車普通席にして気軽に乗れる「ひかり」を独自に設定することにした。そして、昭和63年3月13日、ＪＲグループ最初の時刻改正時からＪＲ西日本が投入したのが「ウエストひかり」である。

蛇足だが、南谷の『山陽新幹線』は私も編集の手伝いをした。後に述べる「ひかりレールスター」もそうだが、直接彼に会い、こうした話も聞かせてもらうことができた。


後継の「ひかりレールスター」に道を譲って消滅

「ウエストひかり」は、4往復設定された。もちろん下りは朝の時間帯、上りは夜の時間帯が中心である。これでこの間の輸送密度が一段と濃くなった。

新大阪6時発の「ひかり51号（「ウエストひかり」）」と30分後に出る「ひかり91号」のダイヤを比較してみよう。51号の博多着は9時3分、91号のそれは9時54分で、所要時間はそれぞれ3時間3分、3時間24分である。「ウエストひかり」がかなりのスピードランナーであることが見てとれる。ＪＲ西日本経営陣の意図が濃厚に反映されている。

車両は０系の改造車。座席は１列３＋２の５席から２＋２の４席になり、しかも回転させることができるようになった。さらにビュフェをカフェテリアにするなどの簡素化が図られるなど、かなりの手が加えられた。外回りの塗装も、当初は通常の「ひかり」「こだま」同様アイボリーにブルーが踏襲されたが、窓の下に１本、ブルーの帯を配して識別した。

「ウエストひかり」の"シネマカー"。ビデオルームは壁で仕切られ、反対の窓側に通路が設けられた

「ウエストひかり」の編成は6両。すべて普通車だった。このうち1号車と2号車は自由席で、残り4両が指定席車だった。食堂車は組み込まれず、3号車にカフェテリアが併設されていた。

幸い、「ウエストひかり」は好評を博した。以後、好成績を反映して平成元（１９８９）年3月11日、7往復に増発され、このうち3往復にグリーン車を組み込んだ12両編成が投入された。この12両編成車にはビデオカー（後にシネマカー）も組み込まれており、５００円で映像が楽しめるというサービスを開始した。運行時間も朝だけでなく、より多彩になった。

翌2年3月10日には9往復になり、そのうち8往復が12両編成になった。しかし、これが「ウエストひかり」の頂点であった。平成6（1994）年12月3日には「シネマカー」が廃止され、平成8（1996）年3月16日からは7往復になり、うち4本は新大阪～広島間に短縮されてしまった。

そして、運命の時が訪れる。平成12年3月11日に後継の700系8両編成の「ひかりレールスター」が登場するに及んで1往復になり、4月21日にそれも廃止されて姿を消した。12年という短命に終わったが、果たした役割はそれなりに大きかったといえよう。

斬新な装いで登場した「ひかりレールスター」

時は流れる。時代は動く。「ウエストひかり」の退場は国鉄からJRに代わって東海道・山陽新幹線の車両が更新されるようになり、0系が古色を帯びてきたことと密接に絡む。

700系は、JR東海とJR西日本が共同で開発、満を持して投入した、当時最新鋭の車両だった。「のぞみ」でデビューした300系（JR東海）と、世界最速の300㎞走行を誇った500系（JR西日本）で培われた実績をベースに設計されたもので、乗り心地をより快適なものにし、環境に配慮するとともに省エネも図るという、まさに時代の申

高梁川橋梁を渡る700系7000番台「ひかりレールスター」。
2001.5.1　山陽新幹線新倉敷～岡山

し子のような車両である。最高時速は山陽新幹線区間の285㎞、300㎞にしなかったのは環境への配慮からである。

700系による、「ウエストひかり」に代わる「ひかりレールスター」が登場したのは、平成12（2000）年3月11日の時刻改正時からである。投入された車両は700系7000番台。通常より8両と編成を短くした車両でE編成と呼ばれた。座席配置は「ウエストひかり」同様、指定席は4人掛けである。これまでになかった特色は、車内アナウンスが入らない「サイレンスカー」が導入されたこと、4人用のコンパートメントも設けられるなど、個人でもグループでも楽しめる配慮も施されていた。また、塗色も通常の「ひかり」とは全く異なり、窓回りは黒、窓下にオレンジの帯が走るという斬新なものだった。

九州新幹線「さくら」に取って代わられて凋落

この後、「ひかりレールスター」は平成12年4月22日からは19往復に躍進、10月1日には直通23往復、新大阪～広島間3往復と躍進した。さらに平成15（2003）年3月13日からは5往復増発されて24往復（ほかに新大阪～広島間1往復）になり、平成19（2007）年7月1日から1往復増えて25往復（ほかに新大阪～広島間1往復）になった。だが、これが「ひかりレールスター」の頂点だった。翌20年3月13日には20往復に微減するなど消長を重ねた。

そして、最大のピンチが平成23（2011）年3月12日に訪れた。この日、九州新幹線が全通、JR九州とJR西日本が共同運行するN700系8両編成の「さくら」が運転を開始した。そして、この「さくら」がこれまでの「ひかりレールスター」のダイヤを引き継ぐようになったため、10往復へと半減した。さらに、「ひかりレールスター」にとって痛手になったのは、平成19年7月1日から運行を開始した700系の後継のN700系がぐんぐん勢力を伸ばし、平成25（2013）年3月16日の時刻改正で下り1本、上り2本にまで数を減らしてしまったことだ。そして、さらに時が流れて、平成31（2019）年3月16日の改正時には、わずかに1往復、ほかに上りの岡山発新大阪行きの1本が残るのみと凋落した。このうちの下り博多行きのダイヤは、20時30分発、23時51分着で、所要時間はなんと3時間21分！　もはや往年の雄姿はどこにもとどめていなかった。

ところで、ここまで「ウエストひかり」「ひかりレールスター」を列車の愛称として扱ってきた。むろんこれは間違いではない。だが、この二つにはもう一つの顔がある。それは車両の名前でもあるということである。そのことを端的に示すのが、これまで両列車は「ウエストひかり○号」「ひかりレールスター○号」と呼ばれたことが一度もなく、すべて「ひかり○号」と規程されてきた。つまり、あくまでも「ひかり」の一員として扱われてきたのである。これは鉄道史上いささか珍しい。

第7章　わざわざ行きたい食堂車が旅の醍醐味だった

新幹線特急「グランドひかり」

平成元（1989）年3月11日〜平成14（2002）年5月18日

0系以来久々に投入された100系

国鉄が分割・民営化されてJRグループが発足、東海道新幹線がJR東海、山陽新幹線がJR西日本に承継された時、在籍していた0系と100系のうち、100系はすべてJR東海に引き継がれ、JR西日本には引き継がれなかった。経営基盤がJR東海に比べて弱いと判断され、新車の減価償却費を負担しきれないだろうと判断されたからである。

100系は、0系一本槍で運営されてきた東海道新幹線に21年ぶりに投入された新型車両で、昭和60（1985）年10月1日から運行を開始した。0系と塗色はほぼ同じだったが、0系に比べて先頭車のノーズがやや長くなり、鋭角になった。0系の丸みを帯びた形状に比べていくぶん精悍《せいかん》になり、それだけスピード感が強調された。実際には最高時速はともに220kmで変化はなかったが。ただ、100系は230kmで走行できるよう設計されていた。なにより、100系を特色づけたのは、16両編成の中間、8号車と9号車に2階建ての車両が組み込まれたことである。このうち8号車は1階が売店、2階が食堂、9号車は1階がグリーンの個室、2階がグリーンの座席車だった。騒音が低減されるとともに、普通車の3人掛け席も回転が可能になるなど、乗り心地の改善も図られた。

100系はとりあえず1編成が投入され、東京~博多間の「ひかり」1往復からスタートしたが、評判は上々、特に8号車の食堂の人気が高く、たちまち花形列車に躍り出た。

その後100系は本数を増やし、昭和62(1987)年4月1日のJR発足時には4往復になり、以後少しずつ勢力を伸ばしていった。

100系がどうしても欲しかったJR西日本

前述したように、1両も配分されなかったJR西日本としては、この状況をただ手をこまねいて眺めるしかなかった。これはJR西日本にとって屈辱的なことだった。

さて、ここからは当時JR西日本の会長だった南谷昌二郎の著書『山陽新幹線』(JTBパブリッシング)の編集を手伝いした時に南谷から直接伺った話を述べることにするが、

16両編成の7〜10号車に2階建て車両を組み込んだ100系V編成「グランドひかり」。3両目の8号車が食堂車だ。2001.6.26　東海道新幹線掛川〜静岡

ＪＲ西日本としてもなんとしても１００系が欲しくて、経営会議でもこのことがしばしば話題になったという。当時、南谷はまだ役員ではなかったが、役員の間で「東京から岡山以西に行く客にとって食堂車は絶対に必要だ。ただそれだと車両が１両不足してしまう」という前提のもと議論が闘わされた時、南谷がオブザーバー的な立場で「それならいっそ２階建て車を４両にしたらどうでしょう」と提案したところ、技術担当の役員が「そんなこと技術的に不可能だ！　２階建て車にはモーターを積むことができないのだから」と激怒したという。だが、結局は２階建て車４両で検討することになり、数々の難題を解決してついに実現した。列車の愛称でもあり車両の名称でもある「グランドひ

かり」の誕生秘話である。

人気を呼んだ2階の食堂車

「グランドひかり」は平成元（1989）年3月11日の時刻改正時から運行を開始。本数は東京～博多間2往復だった。そして、山陽新幹線区間で最高時速が230㎞に上げられた。時刻表にも「ウエストひかり」とともに「グランドひかり」の名称が表記され、2階建て2両のJR東海の100系とははっきりと区分されることになった。JR西日本の得意や思うべし！

「グランドひかり」の食堂車。2階部分に食堂、1階部分に調理室と売店がある

編成は16両。2階建て車は7～10号車で、7号車・9号車・10号車は2階がグリーン、1階が普通車の指定席、8号車の2階に食堂、1階に売店が置かれた。この2階建て4両の「グランドひかり」は、2階建て2両でデビューした100系を上回る話題を呼んだ。見た目にも豪快で、気品すら漂わせていた。

人気を博したのは、なんといっても2階席からの眺めで、なかでも食堂で景色を楽しみながら腕自慢のシェフが供するすこぶるつきの料理を味わうというのはまさに旅行の醍醐味を凝縮させたかの観があった。

投入された「グランドひかり」は東京～博多間2往復。このうち最速の11号のダイヤは東京発15時ちょうど、新大阪着17時56分、同58分発、博多着20時47分で、所要時間はそれぞれ2時間56分、5時間47分である。新大阪～博多間は2時間49分だった。

列車の高速化に押されて出番を失う

「グランドひかり」は翌2年3月10日から3往復になり、平成3（1991）年3月16日の時刻改正からは5往復と増え、以後「グランドひかり」はほぼこの状態で推移したが、平成が10年代に入ったあたりから衰退が始まった。平成11（1999）年3月に6往復と運行本数が減り、さらに追い打ちをかけるように翌12年3月10日にはあろうことか食堂車の営業が廃止されてしまった。時代が昭和から平成に代わる頃には、食堂の利用客が激減してしまったのである。そして、列車の高速化が進み、その牽引役である「のぞみ」が躍進したことから翌11日から「グランドひかり」そのものの存在理由が希薄になり、東京〜博多間の直通列車の運行区間が東京〜広島間に短縮されてしまった(広島以西は臨時扱い)。追い打ちをかけるように、平成13(2001)年9月30日には山陽新幹線新大阪〜博多間の運転が打ち切られた後、平成14年5月18日にはついに東海道新幹線東京〜新大阪間の定期運用もなくなり、11月23日のさよなら運転を最後に東海道・山陽新幹線上から完全に姿を消してしまったのだった。なんとも皮肉なことに、2階建て車2両のJR東海の100系を凌駕する目的で開発されたにもかかわらず、こちらは細々とではあったが平成24(2012)年3月14日まで生きながらえた。

「グランドひかり」の退場は、デビューが華々しかっただけそれだけ、一抹の寂寥《せきりょう》を伴うものになった。運行期間13年と短い花形列車の終焉であった。けれども、「グランドひかり」の雄姿は今なお、大勢のファンの胸の中で生き続けている。

第８章　首都圏住民の週末旅行に北陸が加わった

新幹線特急「かがやき」

平成27（２０１５）年３月14日～

東京～金沢間２時間半！　北陸が近くなった

平成27年３月14日、北陸新幹線長野～金沢間が延長開業した。速達タイプの特急「かがやき」が東京～金沢間を２時間半前後で結ぶことになった。それまでは東海道・北陸本線経由でざっと３時間半、上越・信越・北陸本線経由で４時間近くを要したのが大幅に短縮されたのである。

鉄道の長い歴史のうえで、交通革命と呼ばれるほどの時刻改正は数えきれないほどあったが、北陸本線金沢開業はその歴史にさらに新しい１ページを書き加えることになった。

北陸が首都圏に一気に近づいた。

賑やかに行われた出発式

この日、金沢駅11番線ホームで午前6時ちょうど発の上り「かがやき500号」の前で出発式が行われた。まずJR西日本の真鍋精志社長が挨拶に立ち、「開業によって北陸と首都圏、中京圏、関西圏、それぞれが2時間半のネットワークとなります」と述べた。続いて辻昭夫駅長と能登半島を舞台にしたNHKの連続テレビ小説『まれ』に出演した女優の土屋太鳳《たお》が出発の合図を出すと、列車は定刻1分遅れの6時1分、東京に向かってゆっくりと発車した。列車にも大勢の人が乗り込み、ホームには5000人もの人が押しかけて、このハレの日を祝福した。

出発式はこのほか、東京駅、富山駅、沿線各駅などでも行われた。上り500号が金沢を出て5分後、石川県と富山県の県境付近で、車掌の「ただいま時速が260㎞に達しました」とアナウンスすると、乗客からいっせいに歓声が上がったという。

長野から金沢に達するまで18年かかった

北陸の人にとって、北陸新幹線の金沢延伸は長い間待ち焦がれていたものだった。

北陸新幹線は、平成9（1997）年10月1日に高崎～長野間（発着は一部の列車を除いて東京）が開業したところから歴史を刻み始めた。「あさま」が東京と長野を最短1時間19分で結ぶようになったが、そこから先は財政難、政治的な思惑などが絡んでほとんど凍結状態になり、そのために当初は長野行新幹線、後には長野新幹線と呼ばれていた。その長野開業から18年、基本計画が策定されてからではじつに43年もの月日が流れていた。ようやく北陸路にも春が巡ってきた。

北陸新幹線には、長野発着の「あさま」のほかに、新たに速達列車「かがやき」、長野から先ほぼ各駅に停車する「はくたか」、富山〜金沢間のシャトル特急「つるぎ」の3タイプの特急が設定された。在来線特急の愛称を受け継いだ「かがやき」の所要時間は2時間28〜34分、東京発10時24分の下り509号と、金沢発17時55分の上り514号は最速の2時間28分で走る。509号の金沢着は12時52分、514号の東京着は20時23分である。

「かがやき」の定期列車は1日10往復、ほかに不定期列車も数往復ある。「はくたか」は14往復、「つるぎ」は18往復である。

目下望みうる最高クラスの「グランクラス」

北陸新幹線には、JR東日本とJR西日本が共同で開発したE7／W7系という車両が導入された。アイボリーホワイトを基調に窓下に2本の帯を巻いた塗装で、うち1本は新幹線としては初めて採用された銅色（カッパー色）、もう1本の帯は紺色である。銅色は日本の伝統色にちなんだものという。北陸、特に石川県には九谷焼、輪島塗、金箔をはじめ伝統工芸が多く受け継がれている。

E7／W7系は東北新幹線・上越新幹線の主力として活躍中のE2系がベース。編成はE2系より2両多い12両、「はくたか」の普通席には自由席が4〜5両設けられており、「かがやき」は普通車、グリーン車ともすべて指定席である。そして、なにより特筆すべきは、12号車の「グランクラス」と呼ばれる車両だろう。これは、「はくたか」「あさま」「はやぶさ」「とき」などにも設けられているが、目下望みうる最高クラスの車両である。

グランクラスの座席配置は、1列1人掛けと2人掛けが6列、乗車定員はわずか18人という豪華車両だが、JRではこの車両を「〝特別なお客さまのため〟だけに作られた、プライベート空間」「すべては〝18人のお客さま〟のために」と喧伝している。つまり、「特別なお客さま」になれるのは1列車18人だけというわけである。

普通車指定席とグランクラスの料金を比較してみよう。東京〜金沢間を乗り通すとして、運賃が7480円で、特急料金は6900円、グランクラスにはグリーン料金とグランクラス料金の計１万３６２０円が加算され、前者は１万４３８０円、後者は２万７４７０円（特急料金は５３０円引き）。少し背伸びすればまあ乗れなくもないということもあって、このグランクラスはなかなかの人気だそうだ。ただ、一番列車の普通席に乗った乗客のなかには「座席がふかふかでホテルのベッドみたい」といった感想もあったというから、無理することもあるまいとは思う。普通車の座席は１列２人掛け＋３人掛けの５席である。

平成最後の名列車「かがやき」

北陸新幹線は、長野までは従来の経路を走って長野から飯山線上の飯山に向かい、信越国境を越えて、新幹線開業に伴って第三セクターになったえちごトキめき鉄道の上越妙高、糸魚川と進む。富山県に入って新設の黒部宇奈月温泉を出ると富山、新高岡、終点の金沢に到着。東京〜金沢間の距離は４５０・５㎞で、これまでの東海道新幹線・北陸本線経由の６２２・５㎞、大宮・高崎・長岡・直江津経由の５１４・０㎞と比較して大幅に短縮された。

このうち、速達タイプの「かがやき」が停車するのは、上野、大宮、長野、富山のわずか４駅。最高時速は２６０㎞、表定速度は一番早い５０９号・５１４号で１８２・６㎞。

北陸新幹線開業に向けて新装なった金沢駅を発車するW７系「かがやき」。
2015.5.3　北陸新幹線金沢駅

このスピードと時間に北陸の人が驚喜したのも無理はない。すでに、観光産業などには顕著な経済効果が表れているという。鉄道が地域の発展に貢献する度合いは大きい。

思い起こせば、日本初の新幹線、東海道新幹線が昭和39（１９６４）年10月１日に開業してから半世紀を超えた、この間に、新幹線は全国にその網を広げ、今なお北海道・北陸・九州新幹線では延伸が図られている。列車や車両も格段の進化を遂げた。

そして平成が終わりを告げ、令和時代が幕を開けた。「かがやき」は平成の掉尾《ちょうび》を飾る名列車として鉄道史にその名を残すことになった。

おわりに

鉄道ファンはいたって気軽に「名列車」という言葉を口にします。私もそうです。けれども、改めて考えてみると、その定義は極めてあいまいです。にもかかわらず、「名列車」を冠した記事や論評はこれまでに鉄道趣味誌や鉄道書、テレビなどで数多く紹介されてきました。しかも、そのほとんどが特急列車＝名列車を前提にしています。

でも、はたして一概にそう断定できるものでしょうか。国民のライフスタイルを大きく変えた列車は、快速列車や普通列車、時には臨時列車の中にもあったのではないかということを視座に据えて企画したのが本書です。紙幅の都合でごく限られた列車しか紹介できませんでしたが、筆者の意とするところをお汲み取りいただければ幸いです。

編集の労を執るとともに、いろいろとご助言・ご助力いただいた交通新聞社ジパング倶楽部編集部の萩原友香さんに深く感謝の意を表します。

令和元年10月14日

原口隆行

【主な参考文献】

毎日新聞社編『機関車100年　日本の鉄道』（毎日新聞社・昭和43年）
毎日新聞社編『スピード100年　日本の鉄道』（毎日新聞社・昭和44年）
川上幸義著『新日本鉄道史　上』（鉄道図書刊行会・昭和42年）
川上幸義著『新日本鉄道史　下』（鉄道図書刊行会・昭和43年）
澤壽次・瀬沼茂樹著『旅行100年　駕籠から新幹線まで』（日本交通公社・昭和43年）
高取武編著『歌でつづる鉄道百年』（鉄道図書刊行会・昭和43年）
中村武志著『目白三平　鉄道物語』（新人物往来社・昭和46年）
鉄道百年略史編さん委員会著『鉄道百年略史』（鉄道図書刊行会・昭和47年）
交通新聞編『鉄道100景　走りつづけて1世紀　上巻』（交通協力会出版部・昭和47年）
交通新聞編『鉄道100景　走りつづけて1世紀　下巻』（交通協力会出版部・昭和47年）
秋永芳郎著『鉄道百年』（春陽堂書店・昭和47年）
城山三郎著『臨3311に乗れ』（集英社・昭和55年）

東海旅客鉄道株式会社著
『新幹線の30年　その成長の軌跡』（東海旅客鉄道新幹線鉄道事業本部・平成7年）
大久保邦彦・三宅俊彦・曽田英夫編
「鉄道運輸年表〈最新版〉」（JTB『旅』平成11年1月号付録）
寺本光照著『国鉄・JR列車名大事典』（中央書院・平成13年）
朝日新聞出版編
『歴史でめぐる鉄道全路線　国鉄・JR 49号　東海道新幹線・山陽新幹線・九州新幹線・博多南線』（朝日新聞出版・平成22年）
原口隆行著『文学の中の鉄道』（鉄道ジャーナル社・平成25年）
原口隆行著『ドラマチック鉄道史』（交通新聞社・平成26年）
須田寛監修・原口隆行解説
『秘蔵鉄道写真に見る戦後史㊤』（JTBパブリッシング・平成24年）
須田寛監修・原口隆行解説
『秘蔵鉄道写真に見る戦後史㊦』（JTBパブリッシング・平成24年）
原田勝正著『駅の社会史』（中央公論新社・平成27年）

原口隆行（はらぐちたかゆき）
1938年、東京生まれ。上智大学卒業後、凸版印刷勤務を経てフリーに。『時刻表でたどる鉄道史』『時刻表でたどる特急・急行史』『日本の路面電車Ⅰ Ⅱ Ⅲ』『鉄道唱歌の旅 東海道線今昔』『秘蔵鉄道写真に見る戦後史 上・下』（以上、JTBパブリッシング）、『最長片道切符11195.7キロ』（学研プラス）、『文学の中の鉄道』（鉄道ジャーナル社）、『鉄道ミステリーの系譜』（交通新聞社新書）など著書多数。

交通新聞社新書139
ライフスタイルを変えた名列車たち
旅と出張を大改革！
（定価はカバーに表示してあります）

2019年12月16日　第１刷発行

著　者――原口隆行
発行人――横山裕司
発行所――株式会社　交通新聞社
https://www.kotsu.co.jp/
〒101-0062　東京都千代田区神田駿河台2-3-11
NBF御茶ノ水ビル
電話　東京（03）6831-6550（編集部）
東京（03）6831-6622（販売部）

印刷・製本―大日本印刷株式会社

日本音楽著作権協会（出）許諾第1912043-901号

©Haraguchi Takayuki 2019 Printed in Japan
ISBN978-4-330-01519-4

落丁・乱丁本はお取り替えいたします。購入書店名を明記のうえ、小社販売部あてに直接お送りください。送料は小社で負担いたします。